In dieser Reihe sind
bisher erschienen:

Ausdauertraining
Beweglichkeitstraining
Das neue Konditionstraining
Gesundheitstraining
Klettertraining
Krafttraining
Radsporttraining
Sporternährung
Überlastungsschäden im Sport

BLV
SPORTWISSEN

Carles Albesa/Pere Lloveras

Klettertraining

Optimierung der motorischen,
konditionellen und mentalen Fähigkeiten

blv

Die Deutsche Bibliothek – CIP-Einheitsaufnahme

Ein Titeldatensatz für diese Publikation ist bei
Der Deutschen Bibliothek erhältlich

Bildnachweis
Alle Fotos von Glòria Solsona, außer
Marco Kost: S. 184
Stefan Winter: S. 12, 186

Umschlaggestaltung: Joko Sander Werbeagentur, München
Umschlagfoto: Bongarts Sportfotografie

Layout und Herstellung: Manfred Sinicki

BLV Verlagsgesellschaft mbH
München Wien Zürich
80797 München

Fotografien im Text und auf der Titelseite: Glòria Solsona,
sofern nicht ausdrücklich anders angegeben
Satz und Lithos: Typodata, München
Gesamtherstellung: Pustet, Regensburg
Gedruckt auf chlorfrei gebleichtem Papier

Printed in Germany · ISBN 3-405-16110-X

INHALT

INHALT

4 Psychologisches Training 53

5 Training der motorischen Fertigkeiten 69

6 Trainingssteuerung 98

Zu diesem Buch

Bedenkt man, dass sich das Streben nach Leistungssteigerung auf sportlicher Ebene bis in die Antike zurückverfolgen lässt – hier sei z. B. an die Wettkämpfe im alten Griechenland erinnert –, so muss man sich doch wundern, dass man kaum praxisrelevante trainingsspezifische Informationen über den Klettersport findet. Begründen lässt sich dies vielleicht damit, dass es sich beim Klettern um eine junge Sportart handelt, auch wenn die Anfänge weit zurückreichen und die Wurzeln im Alpinismus zu finden sind. Erst im Jahr 1957 begann sich das Klettern durch John Gill als eigenständige Disziplin zu etablieren. Jetzt traten Aspekte wie die Ausführung von Bewegungsabläufen, die Schwierigkeitsbewertung einer Route und die Herausforderungen, die Felsstrukturen an den Kletterer stellen können, in den Vordergrund. Die Entwicklung des Wettkampfkletterns als Möglichkeit des direkten Leistungsvergleichs dauerte bis 1985. In Bardonechia stellten sich damals zum ersten Mal Kletterer aus westlichen Ländern einem Leistungsvergleich.

Dieses Buch ist als Antwort auf die Notwendigkeit zu sehen, die Kenntnisse über das Klettertraining zu systematisieren. Es möchte mehr sein als eine bloße Ansammlung von Trainingstipps mit unter Umständen fraglicher wissenschaftlicher Fundierung. Es versucht vielmehr den aktuellen Kenntnisstand über die Grundlagen des sportlichen Trainings darzustellen und so das Handwerkszeug für die Konzeption des eigenen Trainings zu schaffen. Die Darstellung dieses Grundwissens wird in der bisherigen Literatur zum Klettertraining größtenteils vernachlässigt.

Das Buch wendet sich mit seiner Intention an Hobbykletterer, Spitzenkletterer sowie Kletterlehrer und Klettertrainer gleichermaßen. Es gibt praktische Beispiele, wie man zielorientiert möglichst effizient eine Verbesserung der komplexen Leistungsfähigkeit beim Klettern erreichen kann. Dieser Vorgang, so einfach er sich anhört, ist äußerst komplexer Natur. Ausgehend von der Zielsetzung sind zunächst leistungsbestimmende Fähigkeiten zu definieren und bestehende Defizite aufzudecken. In einem weiteren Schritt muss die Trainierbarkeit, d.h. die Möglichkeit zur individuellen Steigerung der leistungsrelevanten Faktoren, bewertet werden. Anschließend sind die einzelnen Teilschritte festzulegen, über die letztendlich das eingangs definierte Ziel erreicht werden soll.

Dieses Buch dient als Hilfe zur ganzheitlichen Einführung in die Welt des Klettertrainings. Die Fähigkeit, sich selbst zu übertreffen und die eigenen Grenzen auszuloten und zu erfahren, bedeutet mehr als nur eine rein physische Vorbereitung. Das Klettern wird vielmehr als eine mehrdimensionale Aktivität betrachtet, die von jedem in seiner Ganzheit ausgeübt wird.

Pedro Pons

Einführung

Seit wir vor einigen Jahren mit dem Klettern begannen, ist uns bewusst, dass nur ein zielorientiertes und regelmäßiges Training die Leistungssteigerung ermöglicht, die nötig ist, damit sich unsere Kletterträume auch verwirklichen lassen.
Wir haben Rat und Hilfestellung bei Experten und Trainern gesucht, die uns bei unserer sportlichen Entwicklung anleiten sollten. Leider mussten wir feststellen, dass ihre Kenntnisse dort aufhörten, wo unser Anliegen begann. Nachdem wir die wesentlichen Grundkenntnisse erworben hatten und uns selbständig kletternd bewegen konnten, fehlte uns zur weiteren Trainingsanleitung fachkundiger Rat. Wie wir bald feststellen konnten, standen wir mit diesem Problem nicht alleine dar.
Andere Kletterer, die wir nach und nach kennen lernten, hatten ihre eigenen Trainingsmethoden durch persönliche Erfahrungen und Selbsterprobung entwickelt.
An dieser Situation hat sich bis heute kaum etwas geändert. Der Wissensstand hat sich in den letzten Jahren zwar erweitert, jedoch werden wesentliche Erkenntnisse von den Experten gehütet wie ein Schatz und bleiben somit der Allgemeinheit verborgen. Zudem entbehrt vieles von dem, was veröffentlicht wird, einer fundierten wissenschaftlichen Grundlage. Als Gründe dafür können die eigene unqualifizierte Ausbildung und die geringe finanzielle Unterstützung, die die meisten erfahren, angeführt werden.
Spricht man von »Training«, so setzt man ein einheitliches Begriffsverständnis voraus. Allerdings muss man feststellen, dass der Begriff »Training« zwar zum allgemeinen Sprachschatz der Kletterer gehört, jedoch inhaltlich unterschiedlich belegt ist. In der Regel wird unter Kletter-»Training« eine Art der sportlichen Betätigung verstanden, die streng genommen nicht als Training bezeichnet werden kann, weil sie dessen kennzeichnenden Kriterien wie Planmäßigkeit und Zielorientierung vermissen lässt. Deshalb macht es sich dieses Buch zum Anliegen, Trainingsziele und -bereiche darzustellen und in vereinfachter, aber wissenschaftlich fundierter Weise das nötige Wissen zu vermitteln, damit jeder Kletterer in die Lage versetzt wird, seine Fähigkeiten optimal auszubilden und einzusetzen.
Grundlagen des Klettertrainings ist ein Handbuch, das eine Basis schaffen will, auf der sich dann die Prozesse zur Leistungssteigerung beim Klettern entwickeln und anwenden lassen. Dieses Buch berücksichtigt das weite Spektrum des Klettersports. Es behandelt das Sportklettern, den Sport in Kletterhallen und am Fels, das Wettkampfklettern ebenso wie das Klettern mit technischen Hilfsmitteln. Und es deckt die unterschiedlichen Bedürfnisse der Kletterer aller Leistungsgrade ab, vom Anfänger bis zum Profikletterer.
Vor allem aber richtet sich das Buch an Trainer und Profikletterer, da sie es sind, die in erster Linie die sportliche Entwicklung des Kletterns beeinflussen. Ein qualifizierter Trainer muss nicht nur über fundierte trainingswissenschaftliche Kenntnisse verfügen, sondern auch praktische Erfahrungen bis zu einem gewissen Schwierigkeitsgrad erworben haben. Nur dann ist er in der Lage, bei seinem Schüler Fehler zu entdecken, für ihn Ziele festzusetzen und eine konkrete Trainings-

planung und deren Umsetzung einschließlich situationsabhängiger Modifikationen vorzunehmen.
Entscheidend für den Leistungsfortschritt ist nun mal, dass der Lehrer dem Schüler richtige und umsetzbare Rückmeldungen geben kann. Außerdem sollte der Lehrer den Schüler auch bei noch so kleinen Leistungsfortschritten stets positiv motivieren können.
Da wir wissen, wie die Praxis des Kletterns aussieht, ist es wichtig, das Buch einfach, aber wissenschaftlich fundiert zu verfassen, so dass es auch der Sportler selbst für seine Belange nutzen kann.
Grundlagen des Klettertrainings unterscheidet sich von anderen Veröffentlichungen darin, dass die Thematik »Training« auf globale Weise angegangen wird. Zudem wird versucht, die zu vermittelnden Informationen möglichst allgemein verständlich zu halten. Die Inhalte des Buches basieren auf dem Zusammenwirken von eigenen Erfahrungen als Sportler und Lehrer, der wissenschaftlichen Ausbildung der Autoren, der Zusammenarbeit mit Spitzenkletterern und Trainern sowie einer umfangreichen Literaturrecherche.
Um alle Komponenten, aus denen die Gesamtleistung des Kletterers sich zusammenfügt, analysieren zu können, ist es nötig, alle Fähigkeitsbereiche zunächst einmal für sich zu betrachten. Dabei darf man jedoch nicht aus dem Auge verlieren, dass der Sportler ein ganzheitliches Wesen ist, das als Ganzes mit seiner Umwelt (Kletterfreunde, Material, Umgebung etc.) in Beziehung steht. ... Als Sportler bewegt er sich, atmet, denkt, plant voraus, motiviert sich, begeistert sich oder verspürt Müdigkeit. Alle diese Faktoren stehen miteinander in Zusammenhang. Die Ganzheitlichkeit seines Wesens wird u.a. auch deutlich in der Verbindung von Motorik, Nervensystem, Atemsystem und Herz-Kreislauf-System, die als Einheit zusammenarbeiten und so erst die Kontaktaufnahme mit der Umwelt ermöglichen. Diesen Ansatzpunkt darf man nicht außer Acht lassen.
An erster Stelle und um dem Leser eine Vorstellung vom Gesamtinhalt zu geben, beschäftigen wir uns mit einigen allgemeinen Trainingskonzepten und deren Grundprinzipien (die niemals außer Acht gelassen werden dürfen!). Anschließend erläutern wir die Grundlagen für das motorische Lernen und zeigen Vorgehensweisen und methodische Maßnahmen auf, wie die Klettertechnik verbessert werden kann. Darüber hinaus werden die Faktoren analysiert, die für das strategische Verhalten, das sich in der Klettertaktik äußert, eine Rolle spielen. Dieser wichtige Aspekt wird oft übersehen. In diesem Zusammenhang werden relevante Methoden zur Verbesserung der taktischen Fähigkeiten beschrieben. Weiter gehen wir auf die Verbindung zwischen den motorischen Handlungen und den ihnen zu Grunde liegenden kognitiven Prozessen ein. Außerdem wird aufgezeigt, wie die psychischen Fähigkeiten optimiert werden können. Wir beschäftigen uns des Weiteren mit der Entwicklung der motorischen Fertigkeiten und betrachten sowohl die konditionellen als auch die koordinativen Fähigkeiten. Dem Ganzen vorangestellt haben wir eine Zusammenfassung über die Anatomie und die Funktionsweise unseres Körpers, so weit deren Kenntnis für unser Thema unabdingbar ist. Schließlich wird noch auf die Trainingsplanung und -kontrolle eingegangen.
Ergänzend wird dem Leser eine Literaturauswahl geboten, mit deren Hilfe er sein Wissen erweitern oder schon Bekanntes vertiefen kann. Bei der Auswahl der aufge-

führten Literatur wurde zum einen das berücksichtigt, was in Spanien bisher zum Thema Klettern und Klettertraining veröffentlicht wurde, und zum anderen wurden solche Lehrbücher aufgenommen, die als grundlegende Nachschlagewerke geeignet sind.

Das Buch will keine Patentrezepte zum Trainingshandeln geben, sondern ein Basiswissen vermitteln, das den Leser befähigt, selbständig handlungsfähig zu sein. Damit ist er in der Lage, Trainingskonzepte seinen Bedürfnissen entsprechend zu erstellen und immer wieder zu modifizieren.

Wir betonen nochmals, dass *Grundlagen des Klettertrainings* das Basiswissen vermitteln möchte, das notwendig ist, um einen sinnvollen, langfristig konzipierten Leistungsaufbau zu ermöglichen. Es soll damit keineswegs versucht werden, den Stein der Weisen zu finden, denn die Arbeitsbedingungen sind niemals überall gleich und die individuelle Anpassung an den Sportler muss immer an erster Stelle stehen. Das Buch befasst sich weder mit der Entwicklungsgeschichte des Kletterns noch mit Materialkunde und den sicherungstechnischen Grundlagen, da dieses Buch nicht als Einführungslehrbuch gedacht ist.

Wir würden uns wünschen, dass *Grundlagen des Klettertrainings* dazu beiträgt, das klettertechnische Niveau der Kletterer zu steigern. Entweder durch die Kenntnisse, die im Selbststudium erworben werden, oder durch die bessere Qualifikation der Klettertrainer. Eine geplante Neuauflage wird die wissenschaftlichen Erkenntnisse noch weiter vertiefen und somit einen noch spezifischeren Adressatenkreis ansprechen.

1 Allgemeines zum Training

Für einen Großteil der Kletterer beschränkt sich das Training darauf, Routen, die im individuellen Grenzbereich der Kletterleistungsfähigkeit liegen, wiederholt zu klettern (Work-out) und dabei die Bewegungsabläufe so weit zu optimieren, dass dann die Route ohne Belastung der Sicherungskette durchstiegen werden kann. Diese Vorgehensweise bezeichnet man auch als Rotpunkt-Klettern.
Damit lassen sich sicherlich Leistungsfortschritte erzielen. Man muss sich aber im Klaren sein, dass durch das »Routentraining« die Kraft- und koordinativen Fähigkeiten nicht optimal entwickelt werden können.
Deshalb ist das Klettertraining so zu gestalten, dass jede einzelne Fähigkeit trainiert wird. Nur so ist der Kletterer in der Lage, sowohl sein On-sight- bzw. Flash-Kletterniveau wie auch sein Work-out-Leistungsniveau zu steigern. Auch wird es ihm gelingen mit größerer Sicherheit zu klettern, die Routen in kürzerer Zeit (bzw. in weniger Versuchen) zu bewältigen und seine Leistungsfähigkeit über längere Zeitspannen hinweg zu konservieren.
Training vom wissenschaftlichen Standpunkt aus definiert, ist ein planmäßiger, zielorientierter Handlungsprozess, der dazu dient, den Zustand der komplexen sportlichen Leistungsfähigkeit zu verändern.
Vor allem der prozesshafte Charakter ist zu betonen, d. h., ausgehend von der momentanen Leistungssituation, werden neue Ziele definiert, wobei gleichzeitig festgelegt wird, über welche Teilschritte und Verfahrensweisen diese zu erreichen sind. Entscheidend ist die Planmäßigkeit in der Vorgehensweise, so dass das angestrebte Ziel möglichst auf direktem Weg angesteuert wird. Dies bedeutet, dass die Trainings- und Klettereinheiten weder von der inhaltlichen Gestaltung noch in der zeitlichen Abfolge spontan und wahllos aufeinander folgen, sondern dass über einen längeren Zeitraum (meist ein Jahr bzw. eine Saison, ggf. auch über mehrere Jahre) im Voraus eine exakte Planung des Trainings zu erfolgen hat. Die Planung und Systematisierung wiederum ermöglichen eine ständige Überprüfung der Ergebnisse und eine bewusste, effizientere Kontrolle des Prozesses. Auch kann man so Veränderungen in der Leistungsfähigkeit auf das absolvierte Training zurückführen und wird diese nicht als zufällige Effekte ansehen.
Das Training insgesamt zielt auf eine Veränderung der Leistungsfähigkeit ab. Die Änderung kann dabei je nach Zielsetzung auf der Optimierung, Stabilisierung oder Reduzierung des momentanen Leistungszustandes beruhen. Als Optimierung wird die Steigerung der Leistungsfähigkeit des Sportlers bezeichnet. Die Stabilisierung ermöglicht die Konservierung eines bestimmten Leistungsniveaus. Die Reduzierung bedeutet ein gesteuertes Abtrainieren des hochtrainierten Organismus eines Sportlers, um gesundheitlichen Schäden vorzubeugen.

Trainingsbereiche

Zur Vereinfachung der Analyse und zu einem besseren Verständnis dessen, was der Begriff Training bedeutet, bietet es sich an, das Training als komplexe Übungsform in Bereiche aufzuteilen und innerhalb dieser die einzelnen Komponenten zu untersuchen, die zu trainieren sind.
Es können dabei vier verschiedene Bereiche unterschieden werden:
- motorisches Lernen/Techniktraining
- Strategie-/Taktiktraining
- Konditionstraining
- psychisches Training

Motorisches Lernen – Techniktraining

Das *motorische Lernen* beinhaltet den Erwerb von motorischen Fertigkeiten. Als motorische Fertigkeit bezeichnet man Bewegungen, die durch einen vorausgegangenen Übungsprozess so automatisiert sind, dass die Bewegungsausführung nicht

Trainingsbereiche

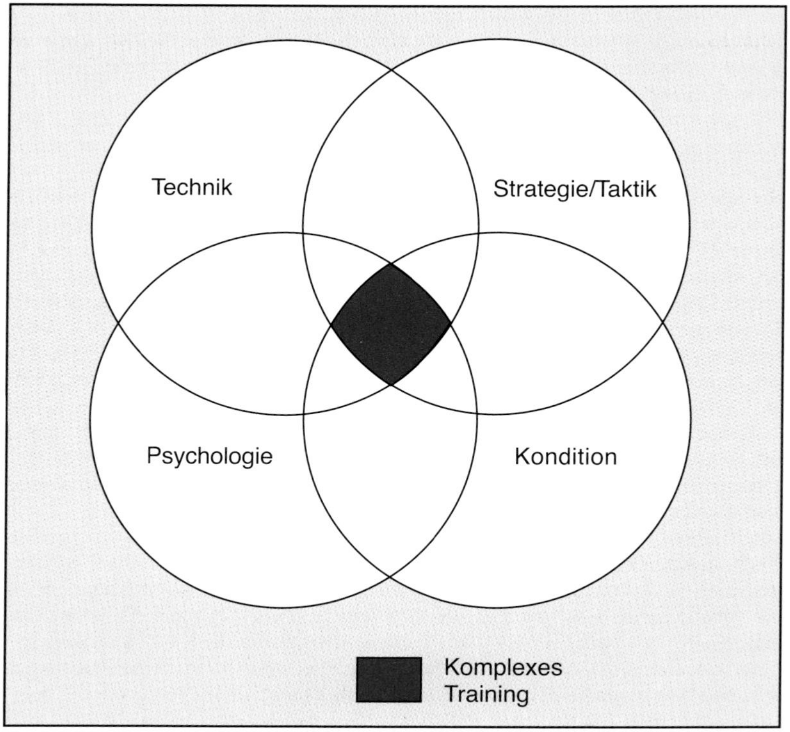

mehr der Kontrolle des Bewusstseins unterliegt. Fertigkeiten als automatisierte Bewegungen sind Bestandteil des menschlichen Bewegungsrepertoires. Als elementare Bewegungen bilden sie die Grundlage der Bewegungsfähigkeit des Menschen und sind daher entscheidend für die sportliche Leistung. Die Qualität und die Ausbildungsfähigkeit von Fertigkeiten wird durch die Qualität der koordinativen und konditionellen Fähigkeiten mitbestimmt. Unter Fähigkeiten versteht man dabei elementare Leistungsvoraussetzungen, die anlagebedingt sind, aber durch Üben und Trainieren verbessert werden können.

Als *Technik* bezeichnet man ganz allgemein die spezifische Abfolge von Bewegungen oder Teilbewegungen, die für das Lösen von Bewegungsaufgaben in Sportsituationen notwendig sind. Dabei orientiert sich die Vorstellung davon, wie Bewegungsaufgaben gelöst werden sollen, an der *Idealtechnik*. Diese Idealtechnik ist abgeleitet aus den im sportlichen Hochleistungsbereich gewonnenen Erfahrungen und den zu Grunde liegenden physikalischen Gesetzmäßigkeiten (z. B. durch biomechanische Analysen). Diese Idealvorstellung einer Bewegung muss dann so modifiziert werden, dass die individuellen Voraussetzungen des Sportlers möglichst optimal berücksichtigt sind. Man spricht dann von der *Zieltechnik*. Das Techniktraining zielt dann darauf ab, durch permanentes Üben die Diskrepanz zwischen Ziel- und Idealtechnik immer mehr zu minimieren.

Beim Klettern muss man zwei unterschiedliche Techniktrainingsbereiche klar voneinander abgrenzen: den motorischen Bereich und den sicherungstechnischen Bereich. Letzterer wird im Rahmen dieses Buches nicht behandelt.

Strategie- und Taktiktraining

Hier geht es um die Ausbildung von Verhaltensweisen, die es ermöglichen, entsprechend der Situation seine Fähigkeiten und Fertigkeiten sowie das psychische Verhalten so einsetzen zu können, dass ein gestelltes Problem bestmöglich gelöst werden kann. Taktische Handlungen laufen in folgenden Phasen ab: 1. Wahrnehmung der Situation (= sensorischer Abschnitt); 2. gedankliche Auseinandersetzung und Analyse der Situation (= diskriminatorischer Abschnitt); 3. Erstellung eines Handlungsplans (= kombinatorischer Abschnitt), der als die momentan beste Aufgabenlösung angesehen wird; 4. Umsetzung des Handlungsplans in die Handlung (operativer Abschnitt); in dieser Phase laufen während der Handlungsausführung gleichzeitig Denkprozesse ab, durch die der ursprüngliche Handlungsplan erneut an die Situationsbedingungen angepasst wird. 5. Ergebnisanalyse (= auswertender Abschnitt); dieser Abschnitt beginnt während des aktiven Handlungsverlaufs und setzt sich nach Abschluss der Handlung noch fort. Er ist entscheidend für das Sammeln von Erfahrungen.

Nach diesem Phasenmodell läuft das taktische Handeln beim Klettern folgendermaßen ab: 1. Erkennen von möglichen Griffen und Tritten; 2. Abschätzung von zu erwartender Kletterschwierigkeit, Sicherungsmöglichkeiten, Rastpositionen, Einhängepositionen etc.; 3. Entwurf eines konkreten Griff-Tritt-Bewegungsplans (gegebenenfalls auch Alternativpläne); 4. Bewegungsausführung, eventuell mit Modifikation; 5. Bewertung: Kletterstelle bewältigt bzw. nicht bewältigt oder Kletterstelle zwar bewältigt, aber mit unverhältnismäßig hohem Krafteinsatz.

Konditionstraining

Zu den konditionellen Fähigkeiten zählt man diejenigen Fähigkeiten, deren Leistungsfähigkeit in erster Linie vom Aufbau und von der Funktion der energieliefernden Organsysteme abhängt. Hierzu zählt man Kraft, Ausdauer, Schnelligkeit und Beweglichkeit.
Die koordinativen Fähigkeiten als komplexe Leistungsvoraussetzung dagegen hängen von der Qualität der Steuerungs- und Regelungsprozesse ab. Neben der Informationsaufnahme und der Informationsverarbeitung ist vor allem die neuromuskuläre Steuerung und Regelung von Bedeutung. Durch sie wird die Bewegung so reguliert, dass eine möglichst hohe Übereinstimmung mit der angestrebten Zielbewegung erreicht wird.
Zwischen den koordinativen und den konditionellen Fähigkeiten besteht eine enge Wechselbeziehung, die zusätzlich noch durch psychische und motivationale Einflüsse geprägt ist.

Psychisches Training

Mit dem psychischen Training soll mit Hilfe psychologischer Methoden eine systematische Entwicklung und Kontrolle der kletterspezifischen Handlungsfähigkeit des Kletterers erreicht werden. Im Vordergrund steht dabei die Optimierung des Bewegungs- und Leistungsverhaltens der konditionellen, technischen und taktischen Aspekte in Stresssituationen.

Trainingsprinzipien

Trainingsprinzipien sind als übergeordnete Handlungsanweisungen zu verstehen und dienen als Leitlinie für das Trainingshandeln. Sie stützen sich auf trainingspraktische Erfahrungen, die teilweise durch wissenschaftliche Untersuchungen abgesichert sind. Die hier aufgeführten Trainingsprinzipien nach ZINTL lassen sich auf einen biologischen Hintergrund zurückführen und sind durch eine hohen Grad an Allgemeingültigkeit gekennzeichnet.

Prinzip des wirksamen Belastungsreizes

Dieses Prinzip besagt, dass der Trainingsreiz eine gewisse Intensitätsschwelle überschreiten muss, damit überhaupt eine Anpassungsreaktion ausgelöst wird. Die Anpassungsreaktion ist Voraussetzung dafür, dass eine Steigerung der Leistungsfähigkeit erreicht wird. Wie intensiv dabei der Trainingsreiz sein muss, damit die Intensitätsschwelle für die Anpassungsreaktion überschritten wird, hängt neben individuellen Parametern wie Alter, Geschlecht etc. auch vom Grad der Trainiertheit ab.
Hinsichtlich der Reizintensität unterscheidet man vier Stufen: unterschwellige (= unter der wirksamen Reizschwelle), schwach überschwellige, optimal überschwellige und zu starke Reize. Unterschwellige Reize bleiben wirkungslos, schwach überschwellige erhalten das Funktionsniveau, optimal überschwellige führen zu

Trainingsprinzipien

Prinzip des wirksamen Belastungsreizes

Prinzip der progressiven Belastungssteigerung

Prinzip der optimalen Gestaltung von Belastung und Erholung

Prinzip der Wiederholung und Kontinuität

Prinzip der Periodisierung

Prinzip der Individualität

Prinzip der zunehmenden Spezialisierung

Prinzip der Variation der Trainingsbelastung

Prinzip der regulierenden Wechselwirkung der einzelnen Trainingselemente

physiologischen und anatomischen Anpassungsprozessen. Zu starke Reize schädigen die Funktion; beim Klettern führen sie meist zu traumatischen Überlastungen bzw. Verletzungen im Bereich der oberen Extremität.

Prinzip der progressiven Belastungssteigerung

Bleibt eine Trainingsbelastung über längere Zeit konstant, so führt die Anpassung des Organismus dazu, dass ehemals überschwellige Reize nicht mehr wirksam sind. Damit weitere Anpassungsreaktionen ausgelöst werden, ist die Steigerung der Trainingsbelastung in gewissen Zeitabständen notwendig. Hierfür bieten sich zwei Verfahrensweisen an: eine allmähliche oder ein sprunghafte Belastungssteigerung.

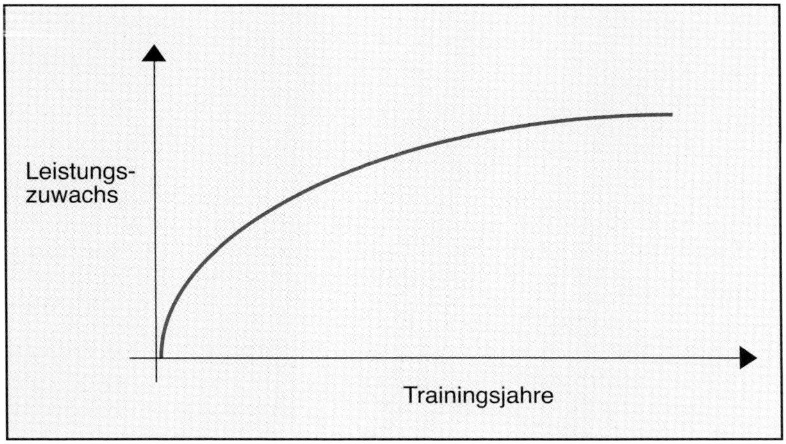

Prinzip der progressiven Belastungssteigerung

Die Steigerung in kleinen Schritten (allmählich) ist so lange sinnvoll, solange damit noch ein Leistungszuwachs erreicht werden kann. Ein sprunghafter Belastungsanstieg wird auf hohem Leistungsniveau notwendig. Hier wird mit einer allmählichen Belastungssteigerung auf Grund des hohen Anpassungsniveaus des Organismus keine Anpassungsreaktion mehr hervorgerufen. Die Belastungssprünge führen allerdings zu einem instabilen Leistungszustand und benötigen in der Folge längere Zeitspannen, damit sich wieder ein stabiles Leistungsniveau einstellt.
Die Steigerung der Trainingsbelastung kann durch Änderung der Belastungskomponenten, Erhöhen der koordinativen Anforderungen oder durch die Zunahme der Zahl der Wettkämpfe erfolgen. Werden die Belastungskomponenten verändert, so ist die Änderung in folgender Reihenfolge sinnvoll: Erhöhung der Trainingshäufigkeit (Anzahl der wöchentlichen Trainingseinheiten), Steigerung des Trainingsumfangs in der Trainingseinheit; Verkürzung der Pausen, Erhöhung der Trainingsintensität.
Die Zunahme in der Trainingsbelastung führt zu einer immer größeren Divergenz zwischen Trainingsbelastung und Leistungszustand, d. h., damit auf hohem Leistungsniveau überhaupt noch geringe Leistungsverbesserungen zu erreichen sind, muss die Trainingsbelastung überproportional erhöht werden.

Prinzip der optimalen Gestaltung von Belastung und Erholung

Dieses Prinzip berücksichtigt die Tatsache, dass nach einer wirkungsvollen Trainingsbelastung (Trainingseinheit) eine gewisse Zeit zur Wiederherstellung notwendig ist. Erst dann kann eine neue, gleich geartete Belastung (nächste Trainingseinheit) unter günstigen Voraussetzungen durchgeführt werden. Unter diesem Aspekt

Schematische Darstellung der Superkompensation

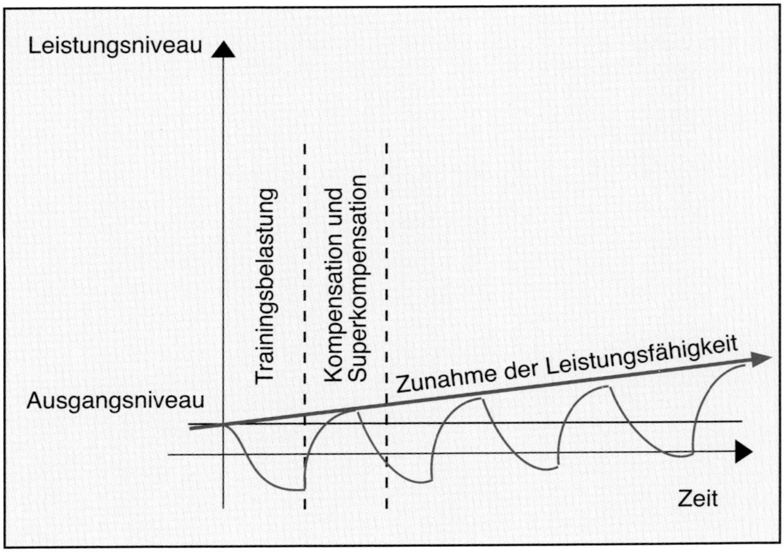

müssen Belastung und Erholung gewissermaßen als Einheit betrachtet werden. Als biologische Grundlage dient das Phänomen der Superkompensation, das von JAKOWLEW (1977) beschrieben wurde. Dieses gibt in erster Linie den Ablauf der Wiederherstellungsprozesse über die Zeit nach vorausgegangener Belastung wieder.
Die Belastungs-Erholungs-Kurve läuft dabei in vier Phasen ab. Nach einem Absinken der Leistungsfähigkeit, ausgelöst durch die Trainingsbelastung, wird in der Erholungsphase nicht nur das Ausgangsniveau (= Kompensation) wiederhergestellt, sondern überstiegen (= Superkompensation). Bei diesem Mechanismus handelt es sich im Grunde um eine Präventivmaßnahme des Organismus gegenüber weiteren gleich gearteten Belastungen. Findet während dieser Superkompensationsphase keine erneute Belastung statt, so pendelt sich das Leistungsniveau in Form einer gedämpften Schwingung wieder auf das Ausgangsniveau ein.
Werden erneute Trainingsbelastungen immer in die Phase der Superkompensation (= optimal gesetzte Belastungen) gesetzt, so erwartet man eine kontinuierliche Verbesserung der Leistungsfähigkeit. Dieser Vorgang kann jedoch nicht als unendlich fortsetzbar angenommen werden, da mit zunehmender Leistungsfähigkeit der Superkompensationseffekt immer geringer ausfällt. Logische Konsequenz ist, dass sich die Superkompensation trotz kontinuierlicher Belastungssteigerung dann nicht mehr einstellt.
Fällt die erneute Belastung dagegen in die Kompensationsphase (= zu kurze Regenerationszeit), so führt dies langfristig sogar zur Verminderung des Leistungsniveaus im Sinne eines Übertrainings.
Damit auch beim Hochtrainierten noch Anpassungseffekte erreicht werden, hat sich die Vorgehensweise nach dem Schema der »summierten Wirksamkeit« etabliert.

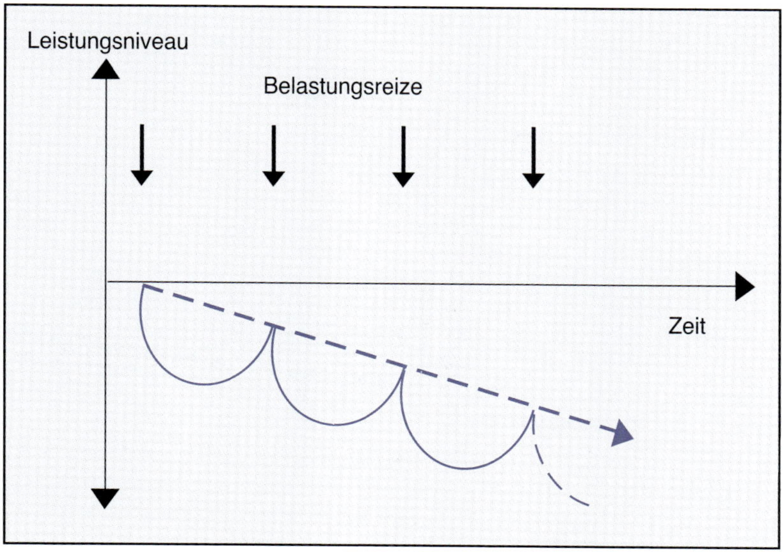

Abnahme der Leistungsniveaus durch verfrüht gesetzte Belastungszeitpunkte

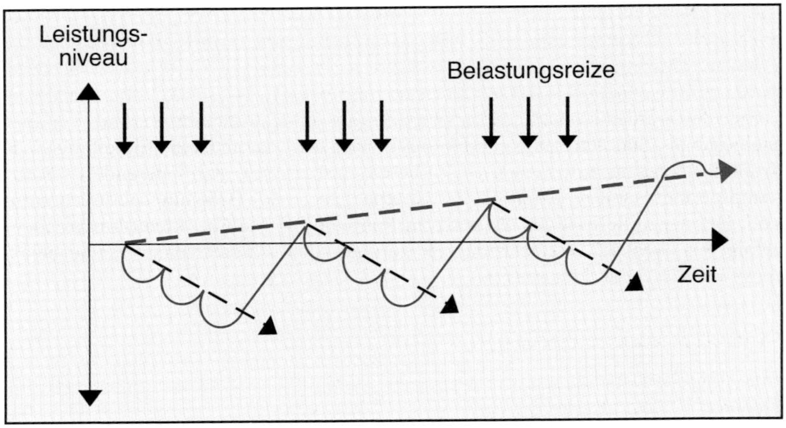

Belastungszeitpunkte nach dem Gesichtspunkt der »summierten Wirksamkeit«

Hierbei werden drei bis vier Trainingseinheiten mit nicht ausreichenden Regenerationsphasen, die dann den Organismus zu Anpassungserscheinungen zwingen, zu einer Trainingsbelastung zusammengefasst. Im Anschluss daran erfolgt eine längere Regenerationsphase, in der dann auch die Superkompensation eintritt.
Die Problematik bei der Anwendung des Superkompensationsmodells besteht darin, dass die Wiederherstellung der einzelnen belasteten Systeme unterschiedlichen Zeitverläufen (Heterochronizität der Anpassung) unterliegt. So unterscheidet man Prozesse: von kurzer Wiederherstellungsdauer im Sekunden- und Minutenbereich (z. B. ATP, Kreatinphosphat); von mittlerer Wiederherstellungsdauer im Stundenbereich (z. B. Glykogen); von langer Wiederherstellungsdauer im Bereich mehrerer Tage (z. B. Enzyme, Strukturproteine, Hormone, Elektrolyte).

Prinzip der Wiederholung und Kontinuität

Damit eine optimale Anpassung erreicht wird, ist es notwendig, gleich geartete Belastungen mehrfach zu wiederholen. Nur so ist sichergestellt, dass akute Umstellungsprozesse in den einzelnen Funktionssystemen ablaufen und somit stabile Anpassungen (Adaptionen) entstehen. Die endgültige Adaption ist erst dann erreicht, wenn neben der Vermehrung der Substrate (= energiereiche Stoffe) auch in anderen Funktionssystemen (z. B. Hormonsystem, Enzymsystem), insbesondere aber im Zentralnervensystem als Führungsinstanz für Bewegungsleistungen, Umstellungsreaktionen erfolgt sind.

Prinzip der Periodisierung

Ein Kletterer kann nicht ganzjährig im Hochleistungszustand austrainiert sein, da dies den Kletterer in den Grenzbereich seiner individuellen Belastbarkeit brächte. Dies hätte unter Umständen zur Folge, dass die katabole (= abbauende) Stoffwechsellage die anabole (aufbauende) überwiegen würde. Durch die extremen Belastungen ist zudem ein erhöhtes Verletzungs- und Überlastungsrisiko gegeben. Auch auf psychischer Ebene wäre es kaum möglich, auf Dauer dem hohen Stressniveau standzuhalten. Davon abgesehen wurde bereits erklärt, dass aus biologischen Gründen mit einer phasenhaften Variation der Belastung neue Anpassungserscheinungen hervorgerufen werden können. Dieser Phasencharakter des Adaptionsverlaufs verlangt Steigerungs-, Stabilisierungs- und Reduktionsphasen. Somit ist die Einteilung eines Trainingsjahres in aufbauende (= Vorbereitungsperiode), stabilisierende (= Wettkampfperiode) und reduzierende (= Übergangsperiode) Belastungsperioden sinnvoll. Bei der mittelfristigen Planung im Rahmen von Makrozyklen (4–6 Wochen) erfolgt ein Wechsel von belastungssteigernden, belastungserhaltenden und belastungsreduzierenden Mikrozyklen (Dauer 3–10 Tage; meist 1 Woche).

Prinzip der Individualität

Eine sportliche Leistung ist immer von mehreren Einzelfaktoren bestimmt und resultiert aus der Summe dieser Faktoren. Somit können identische Leistungen das Ergebnis einer unterschiedlichen Ausprägung dieser Einzelfaktoren sein. Für eine optimale Leistungsentwicklung ist es deshalb unabdingbar, die individuellen Voraussetzungen des Kletterers zu berücksichtigen. Wesentlich dabei sind die stark anlagebedingten körperlichen Fähigkeiten wie sportmotorische Begabung, Konstitutionstyp, Trainerbarkeit sowie die mehr den Umwelteinflüssen unterliegenden geistig-seelischen Eigenschaften wie Temperament, Motivation und Intellekt.
Biologisch ist das Prinzip der Individualität auf die Adaptabilität (= individuelle Anpassungsfähigkeit) zurückzuführen. Demzufolge zeigen bei gleichen qualitativen und quantitativen Belastungsreizen die Individuen unterschiedliche Reizanpassung.
Für eine optimale Leistungsentwicklung ist es notwendig, für den Kletterer zuerst ein kletterspezifisches Fähigkeitenprofil zu erstellen, um so individuelle Stärken und Schwächen zu erkennen. Unter Berücksichtigung dieser Kenntnisse kann dann, nach Festlegen der angestrebten Trainingsziele, die konkrete Trainingsplanung vorgenommen werden. Durch ständige Korrektur der Trainingsdurchführung und Trainingsplanung wird eine immer größere Übereinstimmung des momentanen Trainingszustandes (= Istwert) mit dem zu erreichenden Trainingsziel (= Sollwert) erreicht. Weitere Ausführungen hierzu finden Sie im Kapitel Trainingssteuerung.

Prinzip der zunehmenden Spezialisierung

Man unterscheidet in Abhängigkeit von der Spezifität der Belastungsreize unspezifische und spezifische Anpassungen des Organismus. Spezifische Adaptionen zeigen sich mehr lokal, z. B. Entwicklung von Kraftfähigkeiten der Fingerbeugemuskulatur durch das Klettertraining. Unspezifische Adaptionen sind übergreifender Art, z. B. Verbesserung der Herzfunktion, hervorgerufen durch die aeroben Ausdauerbelastungen lang andauernder Gebirgszustiege. Die Ausbildung eines hohen Leistungsniveaus im Klettern erfordert die Entwicklung spezieller Fähigkeiten (z. B. hohes Maximalkraftniveau der Fingerbeugemuskulatur) und somit kletterspezifische Belastungsreize. Zudem darf nicht übersehen werden, dass die Anpassungskapazität eines Individuums beschränkt ist. Durch Anpassungen an Belastungsreize, die für die

Sportart Klettern bedeutungslos oder sogar schädlich sind (z. B. ein umfangreiches Schnelligkeitstraining), wird die mögliche Kapazität für die spezifische Anpassung verringert. Dies hat zur Folge, dass die eigentlich maximal mögliche Leistungsfähigkeit nicht mehr entwickelt werden kann. Daher ist es ratsam, möglichst zielorientiert, von einfachen auf komplexe Aufgaben, von leichten auf schwierige Übungen und von allgemeinen auf spezielle Techniken überzugehen.
Motorische Lernprozesse können so verkürzt und Bewegungsprogramme schneller genutzt werden.

Prinzip der Variation der Trainingsbelastung

Dieses Prinzip lässt sich damit begründen, dass Trainingsbelastungen nicht nur auf neuronaler, energetischer und struktureller Ebene zu Anpassungen führen, sondern auch auf das sympathische vegetative Nervensystem (Sympathikus) wirken. Die Funktion des Sympathikus liegt mit darin, den Organismus in den Zustand einer hohen Leistungsbereitschaft zu stellen. Dies ist eine notwendige Voraussetzung für wirksame Trainingsbelastungen. Ständig gleich bleibende Trainingsbelastungen führen wegen der Belastungsmonotonie zur Abnahme des leistungssteigernden (ergotropen) Effekts und somit zur Stagnation in der Trainingswirkung. Änderungen in der Belastungscharakteristik führen durch die Unterbrechung der Belastungsmonotonie zu einer wirkungsvollen vegetativen Stimulationslage.
Die Variation bezieht sich dabei nicht nur auf Intensität und Umfang, sondern auch auf die Bewegungsdynamik, Übungsauswahl und Pausengestaltung.
Ein abwechslungsreiches Übungsprogramm fördert eine homogene Ausbildung der Muskelkraft, schult die verschiedenen koordinativen Fähigkeiten, verbessert die Umstellungs- und Antizipationsfähigkeit und wirkt sich motivationsfördernd aus.
Das Prinzip der Variation erlangt eine wesentliche Rolle im Hochleistungstraining. Hier sind Änderungen der Trainingsbelastung ja nur innerhalb einer gewissen Bandbreite der Abweichungen möglich und wirkungsvoll, so dass dann im Zuge der notwendigen Spezialisierung mit eingeengter Trainingsmethodik das Eintreten von nicht überwindbaren Leistungsbarrieren gewissermaßen vorprogrammiert ist.

Prinzip der regulierenden Wechselwirkung der einzelnen Trainingselemente

Den biologischen Hintergrund für dieses Prinzip bildet wiederum die spezifische und unspezifische Adaption des Organismus auf unterschiedliche Belastungsreize sowie deren Wechselwirkungen.
In der Regel wirken Trainingsbelastungen sich nicht nur auf ein System (Muskulatur, Herz-Kreislauf, Atmung, Stoffwechsel, Hormone etc.) aus, sondern mit unterschiedlichem Maß auf mehrere bzw. alle Bereiche. Hinsichtlich der Auswahl der Trainingsbelastungen bedeutet dies, dass eine dosierte Abstimmung der konditionellen Fähigkeiten sowie des Verhältnisses von Konditions- zu Techniktraining vorzunehmen ist. Hierbei ist immer zu berücksichtigen, dass die verschiedenen Elemente des Trainings einander sowohl in positiver wie auch in negativer Weise beeinflussen können. Dieses Phänomen bezeichnet man als Übertragung oder

Transfer. Bei einem negativen Transfer spricht man auch von Interferenz. Beispiel für eine Interferenz wäre ein umfangreiches Muskelaufbautraining nach Manier der Bodybuilder, das zwar eine Vergrößerung der absoluten Kraft bewirkt, jedoch wegen der Zunahme der Muskelmasse und der damit verbundenen Körpergewichtszunahme sich negativ auf die Kletterleistung auswirken kann.
Aus Gründen der Übersicht wurden die zuvor beschriebenen Trainingsprinzipien isoliert nebeneinander dargestellt. In Wirklichkeit sind sie jedoch alle inhaltlich weitgehend miteinander verknüpft. Sie überschneiden sich, ergänzen sich, schließen sich aber teilweise auch gegenseitig aus. Deshalb sind sie nicht alle gleichzeitig anwendbar. Vielmehr ist immer zu prüfen, welche Prinzipien in Abstimmung mit der zutreffenden Trainingsstufe, Trainingsklasse und dem jeweiligen Periodisierungsabschnitt praktisch umzusetzen sind.
An dieser Stelle sei ausdrücklich darauf hingewiesen, dass die formulierten Prinzipien nicht als überflüssiger theoretischer Hintergrund des Trainingsgeschehens zu sehen sind und in der Trainingssteuerung die konkrete Umsetzung einzelner Trainingsprinzipien erfolgt.

Trainingsmittel

Unter dem Begriff Trainingsmittel werden alle die Geräte und Maßnahmen zusammengefasst, die bei der Trainingsdurchführung zur Entwicklung der Leistungsfähigkeit eingesetzt werden. Das Spektrum der Trainingsmittel ist weit gefasst. Man zählt dazu alle beim Klettern benutzten Sport-, Hilfs- und Messgeräte. Hinzu kommen Geräte, mit denen Bewegungen bzw. Belastungen simuliert werden können, sowie Mittel, die den Lernprozess unterstützen und die Motivation fördern, ebenso wie alle audiovisuellen Medien.
Die Trennung zwischen Sport- und Hilfsgeräten ist oft nicht ganz eindeutig. Die Sportgeräte dienen direkt zur praktischen Ausführung, während die Hilfsgeräte mehr eine unterstützende Funktion haben. Zu den Klettersportgeräten zählen u.a. Kletterschuhe, Seil, Gurt, Expressschlingen, künstliche Kletterwände, Felswände. Als Hilfsgeräte kann man die Magnesia, beim Krafttraining verwendete Zusatzgewichte und Krafttrainingsmaschinen wie Klimmzugmaschinen, Absprungmatten, Hangelbretter, Campusboard, Sprossenwände, Klettertaue, Knetbälle zum Aufwärmen der Fingermuskulatur etc. bezeichnen.
Bei den Mitteln, die den motorischen Lernprozess unterstützen, handelt es sich um Bewegungsanweisungen, Bewegungsdemonstrationen und Bewegungskorrekturen durch den Trainer/Lehrer. Hier kann die Bewegungsvorstellung des Kletterers zusätzlich durch den Einsatz von Videoaufnahmen, Bildtafeln etc. geschult werden. Aber auch erleichternde Maßnahmen wie eine Schubunterstützung zählt zu den Trainingsmitteln. Die Bewegungs- und Belastungssimulation wird vor allem durch das Klettern an Kunstwänden ermöglicht, da hier Griff- und Trittkombinationen von schweren Kletterstellen nachgebaut und daran Bewegungskombinationen trainiert werden können.
Als Messgeräte zur Bewertung der Schwierigkeit einer Route fungieren neben dem Erstbegeher andere Kletterer, die ihre subjektive Bewertungseinschätzung abgeben.

Beispiel für den Einsatz von unspezifischen Trainingsmitteln

Beim Wettkampfklettern werden zur Messung der erreichten Kletterhöhe meist optische Messverfahren eingesetzt. Die Ermittlung der Kletterleistung beim Speedklettern erfolgt mittels Geschwindigkeitsmessung.
Aus der Auflistung der einsetzbaren Trainingsmittel wird ersichtlich, dass man zwischen spezifischen und eher unspezifischen Mitteln unterscheiden muss.
Unspezifische Mittel können auch aus Aktivitätsbereichen stammen, die nicht in direkter Beziehung zum Klettern stehen (z. B. die Lauftrainingsschuhe als Trai-

Beispiel für den Einsatz von Hilfsgeräten

ningsgerät für ein aerobes Ausdauertraining). Spezifische Trainingsmittel sind dazu geeignet, spezielle physische Fähigkeiten, Bewegungstechniken und strategische Verhaltensweisen beim Klettern auszubilden.

Die während eines Trainings eingesetzten Mittel werden schon im Rahmen der mittel- und kurzfristigen Trainingsplanung konkretisiert, da sie zusammen mit der Belastungsweise und den Trainingsübungen den Kern des praktischen Trainingsvollzugs bilden.

Beispiel für
den Einsatz von
Sportgeräten

2 Techniktraining

Nach GROSSER (1973, 517) wird Technik als schöpferisches Schaffen und Umsetzen von Verfahren zur Lösung von Aufgaben unter Benutzung von Materialien und Kräften bei Berücksichtigung der Naturgesetze definiert. Damit beinhaltet der Technikbegriff zwei Handlungsdimensionen. Die erste bezieht sich auf das Umsetzen von Verfahren zur Bewältigung der gestellten Bewegungsaufgabe und wird auch als handwerklich-technische Komponente bezeichnet. Die zweite beinhaltet das schöpferische Schaffen im Sinne einer kontinuierlichen Weiterentwicklung. Sie stellt die kreativ-wissenschaftliche Komponente dar.

Auf niedrigem Leistungsniveau dominiert das handwerklich-technische Handeln, da hier meistens versucht wird, sporttechnisches Verhalten von Vorbildern bzw. Vorlagen zu kopieren. Typisch hierfür ist der Versuch von Anfängern, sich die Bewegungslösung von Kletterstellen »ansagen« zu lassen und somit zu kopieren. Auf höherem Leistungsniveau gewinnt die kreativ-wissenschaftliche Komponente immer mehr an Bedeutung, da nur noch durch Experimentieren der vorhandene Könnens- und Wissensstand sich über den erreichten Rahmen erweitern lässt. Das Experimentieren findet dabei sowohl im bewegungstechnischen wie auch im materiellen Bereich (z. B. neue Gummimischung mit höherem Reibungskoeffizienten für die Kletterschuhsohlen) statt.

Bezüglich der praktischen Umsetzung bedeutet sportliche Technik eine erprobte, zweckmäßige und effektive Bewegungsfolge zur Lösung einer definierten Aufgabe in Sportsituationen. Das Überwinden einer Dachkante mit Hilfe eines »foot-hook« hat sich als kletterspezifische Technik etabliert, da er in der Regel für diese Standardsituation eine effiziente Lösungsmöglichkeit darstellt.

Sportarten unterscheiden sich hinsichtlich der technischen Anforderungen, die sie an den Sportler stellen, beträchtlich. So müssen in einigen Sportarten (z. B. Gewichtheben) die Umgebungsbedingungen kaum oder gar nicht berücksichtigt werden, da die äußeren Bedingungen stabil und damit vorhersehbar sind. Der Klettersport hingegen ist gekennzeichnet durch wechselnde Situationen, die teilweise auch nicht vorhersehbar oder abschätzbar sind. Sie verlangen vom Kletterer isoliert beherrschte Fertigkeiten und Techniken. Der zu realisierende Bewegungsablauf ergibt sich dann aus der Kombination von Einzelfertigkeiten bzw. Techniken. Er basiert somit auf stabilen technischen Grundmustern, die auch im Rahmen von Bewegungskombinationen, bei variablem Einsatz und bei sich verändernden Außenbedingungen ihre Funktion beibehalten.

Sportarten, die sich durch eine stabile Ausführungsstruktur auszeichnen, sind wesentlich leichter systematisch zu analysieren, so dass hier detaillierte Technikbeschreibungen, unterstützt von biomechanischen Untersuchungsergebnissen und statistisch abgesichertem Datenmaterial, vorhanden sind. Damit verfügen Trainer

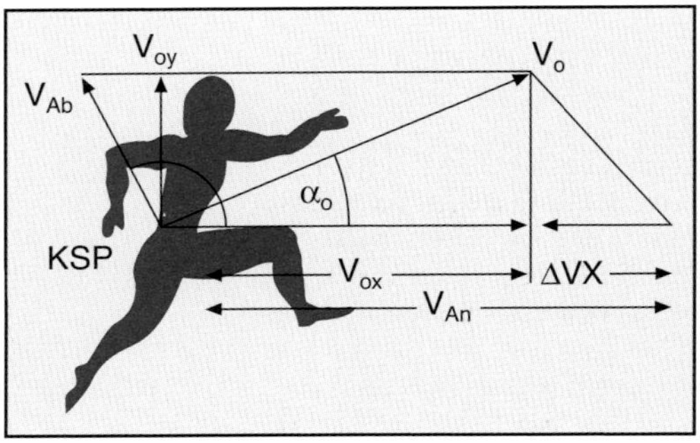

KSP = Körperschwerpunkt
V_{An} = horizontale Anlaufgeschwindigkeit: 9–10 m/s
V_{Oa} = horizontale Abfluggeschwindigkeit: 8,1–8,5 m/s
V = horizontaler Geschwindigkeitsverlust: –0,4 bis –1,3 m/s
V_{oy} = vertikale Abfluggeschwindigkeit: 2,8–2,9 m/s
V_{Ab} = Absprunggeschwindigkeit: –2,8 bis –3,2 m/s
V_0 = resultierende Abfluggeschwindigkeit: 8,6–9,0 m/s
α_0 = Abflugwinkel: 19–20°
b_1 = Absprungwinkel: 99–113°

Die Biomechanik könnte wichtige Erkenntnisse zur Entwicklung der Klettertechnik beitragen.

und Sportler über eine sehr genaue Vorstellung, wie die Bewegung hinsichtlich qualitativer und quantitativer Bewegungsgrößen auszusehen hat. In diesem Fall kann die vom Sportler realisierte Bewegungsausführung mit der Idealtechnik verglichen und können bestehende Abweichungen aufgedeckt werden.

Beim Klettern als Sportart mit offenen Fertigkeitstypen fehlt größtenteils diese Vergleichsmöglichkeit. Hinzu kommt, dass es bei ein und derselben Kletterstelle nicht nur eine, sondern in der Regel mehrere Lösungsmöglichkeiten zur Bewältigung gibt. Eine zusätzliche Schwierigkeit ergibt sich daraus, dass nicht unbedingt feststellbar ist, welche dieser Lösungsmöglichkeiten als am effizientesten anzusehen ist. So kann z. B. auf Grund unterschiedlicher Körpergröße, Hebelverhältnisse oder Beweglichkeitsvoraussetzungen eine Lösungsmöglichkeit für den einen Kletterer effektiv, für den anderen jedoch nicht realisierbar sein.

Die Präsentation unterschiedlicher Bewegungslösungen wird selbst in Finalrouten internationaler Kletterwettbewerbe gezeigt, obwohl hier auf Grund höchster Kletterschwierigkeit und der künstlichen Wandstrukturen für den Zuschauer kaum noch Variationsmöglichkeiten erkennbar sind. Oft erlebt man hier dann verblüffende Lösungen, meist der Schlüsselstellen, die dem Zuschauer das weite Spektrum von möglichen Bewegungskombinationen vor Augen führen.

Der Erwerb einer sportlichen Technik bis zur Ausbildung des aktuellen biomechanischen Optimums, eines hohen Grades an Stabilität und einer situationsangepassten variablen Anwendung läuft in vier Stufen ab.

Die *erste Stufe* beinhaltet den Erwerb derjenigen sportmotorischen Fertigkeiten, die die Grundlage für die kletterspezifischen Techniken bilden. Als elementare Fertigkeiten sind zu nennen: Treten, Greifen, Gleichgewicht verlagern, Eindrehen etc. In der *zweiten Stufe* erfolgt die Ausbildung der kletterspezifischen Techniken (Piazen, Foothook, Dynamo etc.) so weit, dass eine hohe Effektivität und Ökonomie erreicht ist. Damit ist auch die Anwendung der Technik in Stresssituationen gewährleistet. Die *dritte Stufe* zielt darauf ab, die Technik bei sich verändernden äußeren und inneren (z. B. ermüdete Muskulatur) Bedingungen einsetzen zu können. In der *vierten Stufe* steht die Ausbildung der Fähigkeit im Vordergrund, die beherrschten Techniken situationsgemäß variabel anzuwenden.

Die Ausführung einer Klettertechnik beruht immer auf dem Prozess der Bewegungssteuerung und -regelung. Im Gedächtnis gespeicherte Bewegungsprogramme

bilden die Grundlage für die Ausführung von sportlichen Bewegungen. Beim Klettern wird eine Bewegung bzw. Bewegungshandlung durch die Aufnahme und Verarbeitung aktueller Informationen (z. B. Route mit Überhang, die den Kletterer anspricht und entsprechend motiviert) initiiert. Gleichzeitig mit dem motivierenden Abschnitt laufen orientierende Prozesse (z. B. Erkennen des Routenverlaufs, Einschätzen der Sicherungsmöglichkeiten, Erkennen von Schlüsselstellen oder Rastpositionen etc.). Unter Berücksichtigung aller Informationen erfolgt dann die Programmierung des Bewegungsablaufs, wobei hier auf den Bewegungsschatz, gespeichert im motorischen Gedächtnis, zurückgegriffen wird und eine gedankliche Vorwegnahme des Ergebnisses erfolgt.
Die Größe des vorhandenen Bewegungsschatzes ist natürlich ausschlaggebend, wenn die Bewegungsausführung zur Lösung der Kletterstelle optimal ausfallen soll. Beim Klettern sind hier vor allem die möglichen Varianten zu einer Grundbewegung entscheidend für die erfolgreiche Routenbewältigung.
Nach abgeschlossener Programmierung werden die Steuerimpulse (= Innervation) für die Bewegung an die Muskulatur weitergeleitet und führen dort zur Bewegungsausführung. Über den Bewegungsablauf erfolgt dann eine ständige Rückinformation. Bei langsamen Bewegungen oder in Haltepositionen können diese Informationen direkt zur Korrektur der Bewegungssteuerung verwendet werden. Bei schnellen Bewegungen (z. B. Dynamo) hingegen ist so eine Korrekturmaßnahme nicht mehr möglich.
Beim Klettern als Sportart, die sich durch die Offenheit auszeichnet, gibt es unzählige Möglichkeiten, auf welche Weise die Fortbewegung an der Wand erfolgen kann. Auch bei der auf Kletterstellen eingeschränkten Betrachtung stellt man natürlich in Abhängigkeit vom möglichen Griff- und Trittangebot teilweise total unterschiedliche Lösungsmöglichkeiten und daraus resultierende Bewegungsausführungen fest. Um im Rahmen des Techniktrainings zu einer gewissen Strukturierung und Systematisierung zu kommen, ist es notwendig, die unzähligen Fortbewegungsmöglichkeiten in bestimmte Bewegungsklassen zusammenzufassen. Dabei umfasst eine Bewegungsklasse Bewegungen, die sich auf den gleichen strukturellen Aufbau zurückführen lassen. Die Grundbewegungsstruktur kann man wegen ihres Modellcharakters auch als Technik bezeichnen. Zum Beispiel liegen dem Piazen (Gegendruckklettern) einer Granitkante und dem Anpiazen eines Einfingerlochs im Kalk dieselbe Bewegungsstruktur (z. B. Eindrehen, kleiner Arm-Rumpf-Winkel) zu Grunde.
Im Laufe der Kletterjahre entwickelt jeder Kletterer seinen eigenen Kletterstil. Erkennbar wird dies z. B. in der verstärkten Anwendung bestimmter Techniken, die auch vom Ausprägungsgrad motorischer Eigenschaften abhängen.
Hinzu kommen der Einfluss anthropometrischer Größen (Körpergröße, Länge der Extremitäten, Massenverteilung des Körpers, Proportionen und daraus resultierende Trägheitsmomente) und die Persönlichkeitseigenschaften, die den Kletterstil mitprägen. Die Entwicklung des eigenen Stils ist als Prozess zu sehen, der einer permanenten Wandlung und Anpassung unterworfen ist. In der Anfangszeit werden die Bewegungsausführungen von Vorbildern kopiert. Erst mit zunehmender Bewegungserfahrung ist der Kletterer in der Lage, Standardausführungen von Bewegungen zu variieren und somit seinen persönlichen Kletterstil auszubilden.

Anthropometrische Unterschiede erfordern verschiedene Bewegungen zum Erreichen des gleichen Griffs.

Das taktische Verhalten steht in enger Beziehung mit der bewegungstechnischen Qualität und dem verfügbaren Bewegungsrepertoire, da für die Bewegungsrealisation beim Klettern meist nur eine gewisse Zeit zur Verfügung steht und oft Bewegungen nicht mehr rückgängig gemacht werden können (z. B. ein einmal angesetzter Sprung zum nächsten Griff). Diesen zur Verfügung stehenden Zeitraum kann der Kletterer aber optimieren, indem er die Bewegungen möglichst automatisiert. Je stärker die Bewegungen automatisiert sind, desto mehr Freiraum bleibt dem Kletterer für die Wahrnehmung seiner Umgebung. Daraus ergibt sich die Möglichkeit, zusätzliche Informationen für die Bewegungsprogrammierung zu gewinnen und somit die bewegungstechnische Qualität zu verbessern. Eine Bewegung bezeichnet man dann als automatisiert, wenn sie »von alleine« abläuft, das heißt, wenn sie ohne Beteiligung des Bewusstseins vonstatten geht.

Kletterbewegungen sind jedoch eher als gesteuerte Prozesse zu sehen, da wegen der Vielfalt der Bewegungen der notwendige Automatisationsgrad nicht erreicht wird. Gesteuerte Prozesse haben dabei eine automatisierte Grundlage, beanspruchen aber Aufmerksamkeit und sind bewusst gesteuert. Ein Kletterer, der bei einem Großteil seiner Bewegungen auf automatisierte Grundbewegungen zurückgreifen kann, ist z. B. in der Lage, mehrere motorische Aktionen gleichzeitig auszuführen (Karabiner einhängen und den Körper wieder in eine Gleichgewichtsposition bringen). Gleichzeitig verfügt er noch über Ressourcen, um einen Teil seiner Aufmerksamkeit auf das taktische Vorgehen zu richten.

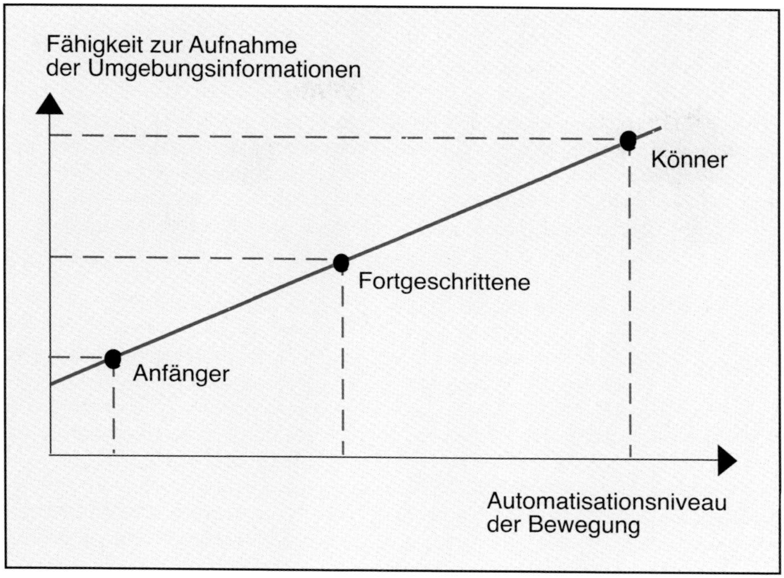

Fähigkeit zur Aufnahme von Informationen und Automatisationsniveau der Bewegung in Abhängigkeit vom Leistungsstand

Das Automatisieren von Bewegungen und somit das Ausbilden von Techniken wird nur über eine häufige Übungswiederholung erreicht. Durch das methodische Prinzip des »kontinuierlichen Überlernens« im Techniktraining wird dieser Vorgabe Rechnung getragen. Erst wenn ein gewisser Grad an Bewegungsautomatisation erreicht ist, hat das Bewusstsein des Sportlers Freiraum, weitere, neue Informationen aufzunehmen. Ein erfahrener Kletterer kümmert sich daher beim Ausführen eines Dynamos (Sprung an einen Griff) weniger um die Sprungtechnik als vielmehr um die Feinabstimmung der Bewegung. Durch die präzise Abstimmung der räumlich, zeitlichen und dynamischen Komponenten kann somit der Dynamo erfolgreich ausgeführt und der angesprungene Griff gehalten werden.
Dem Techniktraining sollte innerhalb des gesamten Klettertrainings eine übergeordnete Bedeutung zukommen. Zum einen deshalb, weil der Zugang zum Klettern nur über das Erlernen von grundlegenden Fertigkeiten und elementaren Techniken erfolgt. Zudem beeinflusst der qualitative Ausprägungsgrad der Technik die Möglichkeit, inwieweit konditionelle und koordinative Fähigkeiten in die komplexe Kletterleistung umgesetzt werden können. Wenn z. B. im Anfängerbereich die Kraftkomponente zu stark betont wird, führt dies zwar dazu, dass Kletterstellen aufgrund des dominierenden Krafteinsatzes bewältigt werden können, allerdings ist bei diesen Kletterern bald eine Leistungsbarriere zu beobachten, die sich auf fehlende technische Voraussetzungen zurückführen lässt.

Entwicklung und Optimierung der Technik

Das Trainieren der Technik beruht auf dem Schaffen von motorischen Mechanismen, die sich auf die Lösung von Aufgaben anwenden lassen. Diese motorischen Mechanismen werden entweder neu erlernt, oder Techniken, die sich der Kletterer bereits angeeignet hat, werden optimiert. Aus Gründen der Systematik wird das Techniktraining in drei Trainingstypen, »Technikerwerbstraining«, »Technikanwendungstraining« und »technisches Ergänzungstraining«, gegliedert. So lassen sich verschiedene Grade der Beherrschung einer Technik unterscheiden, die unabhängig vom sportlichen Leistungsniveau sind.

Das *Technikerwerbstraining* verfolgt das Ziel, die automatisierte Beherrschung von sportmotorischen Fertigkeiten zu erreichen. Diese erworbenen Fertigkeiten zeichnen sich zudem durch einen hohen Grad an Stabilität aus. Dies bedeutet, dass die Fertigkeit auch bei sich verändernden inneren und äußeren Bedingungen beherrscht wird. Für die Programmierung automatisierter Bewegungen sind hohe Übungswiederholungen (Prinzip des kontinuierlichen Überlernens) unter möglichst standardisierten Übungsbedingungen notwendig. Hierbei wird auch sichergestellt, dass die sich durch das Training verändernden konditionell-energetischen Bedingungen in die Bewegung integriert werden. Das Technikerwerbstraining ist nicht nur für den Anfänger notwendig, sondern auch für den Hochleistungskletterer, da auch auf diesem Leistungsniveau neue Techniken, technische Varianten oder Bewegungsabläufe zu erlernen sind. Deutlich wird dies, wenn ein Kletterer, der im Kalkstein den achten Schwierigkeitsgrad beherrscht, zum ersten Mal mit einem Fingerriss im Granitgestein konfrontiert wird. Hier muss er dann als Anfänger die Technik des Risskletterns erwerben.

Im *Technikanwendungstraining* werden die zu den Techniken gehörenden Fertigkeiten unter möglichst vielseitig gestalteten, variablen und wettkampfspezifischen Bedingungen trainiert. Hier geht es vorrangig darum, die erfahrungsbedingte Antizipationsfähigkeit zu schulen und den Kletterer zu befähigen, die im Technikerwerbstraining automatisierten Fertigkeiten auch bei äußeren und inneren Störungen durchzusetzen. Im Rahmen der Antizipation (= gedankliche Vorwegnahme einer Handlung) gewinnt die Erstellung von alternativen Handlungsplänen an Bedeutung. Zum Beispiel wird im Voraus geplant, von welchem Griff aus der nächste Sicherungshaken eingehängt wird. Gleichzeitig wird eine Alternativlösung erstellt, falls die Griffgröße bzw. Kletterposition kein Einhängen des Sicherungshakens erlaubt. Die Ziele des Technikanwendungstrainings, nämlich erstens in variablen Situationen optimale technische Lösungen zu antizipieren und zweitens diese auch unter schwierigen Bedingungen durchsetzen zu können, werden nur erreicht, wenn der Kletterer kontinuierlich und systematisch diese situationsadäquaten Erfahrungen sammelt. Beim Klettersport dominiert im Rahmen des Techniktrainings das Technikanwendungstraining, da die zu erwerbenden Fertigkeiten sich auf einfache Bewegungsmuster zurückführen lassen. Entscheidend ist die situationsgerechte optimale Variation dieser Bewegungsfertigkeiten.

Das Technikanwendungstraining wird ergänzt durch das Wettkampftraining, wobei hier speziell die im Wettkampf auftretenden Besonderheiten trainiert werden. Für Wettkampfkletterer könnte es Folgendes beinhalten: Klettern von Routen, die persönlich nicht unbedingt bevorzugt werden, z. B. Piazen von Kanten oder Dachkletterei; oder es wird analog zum Wettkampf eine Kletterzeit festgesetzt, innerhalb deren die Trainingsroute zu klettern ist; Zeitlimit für die optische Analyse der Trainingsroute.

Das *technische Ergänzungstraining* umfasst alle Maßnahmen, um die kletterspezifische Technik ergänzend auszuformen. Hierzu zählen ein spezielles Koordinationstraining (z. B. Gleichgewichtsschulung), das spezielle Beweglichkeitstraining, das die Durchführung von manchen Bewegungen erst ermöglicht, oder das Imitationstraining, bei dem bestimmte Bewegungssequenzen an künstlichen Wandstrukturen nachgebaut und trainiert werden, um anschließend die entsprechende Kletterstelle am Fels erfolgreich klettern zu können.

Der erste Schritt bei der Entwicklung der Technik besteht darin, sich neue Ausführungsweisen anzueignen. Das technische Training als motorischer Lernprozess basiert auf folgendem Programm:

a) Erkennen und Verstehen der auszuführenden Aufgabe
b) Wissen, wie sie zu lösen ist (= Problemlösung)
c) Ausführen der Aufgabe
d) Feinabstimmung der Aktion während der Ausführung.

Vor der Ausführung der technischen Bewegung setzt sich die Person ein Ziel, das sie erreichen möchte, und plant die Bewegung, die ausgeführt werden muss. Die Bewegung wird also gedanklich bereits vorweggenommen. Die Muskelkontraktionen, die durch Impulse aus dem zentralen Nervensystems ausgelöst werden, ermöglichen das Ausführen der Bewegung. Während der Bewegungsausführung werden permanent Informationen aufgenommen und verarbeitet. Diese Zusatzinformationen dienen als Grundlage für die Regulierung der Bewegung und ermöglichen deren konstante Anpassung an die momentane Umgebungssituation. Nach Abschluss der Bewegung dient das Bewegungsresultat als Ausgangspunkt für den nächsten Versuch, da der Sportler in seinem Gedächtnis neben der Bewegung auch das Ergebnis dieser Bewegung speichert. Zudem stellt er über einen Ist-/Sollwert-Vergleich fest, wie groß die Differenz zwischen der eigentlichen Bewegung (Istwert) und der von ihm angestrebten Bewegung (Sollwert) ausfällt. Ganz offensichtlich ist die Ist-/Sollwert-Diskrepanz bei einem Sturz.

Der komplexe Bewegungsablauf, den der Kletterer ausführt, um eine Kletterstelle zu bewältigen, lässt sich in einzelne Aktionen gliedern. Dabei müssen diese Aktionen bestimmte Funktionen erfüllen (z. B. Aktion Pendelbein erfüllt die Funktion der Gleichgewichtsstabilisierung). Diese Funktionalität muss sich der Kletterer immer bewusst machen, da er so überflüssige Bewegungen vermeiden kann.

Um das Erlernen einer komplexen Kletterstelle zu vereinfachen, wird die Bewegungssequenz in Einzelbewegungen oder kleinere Bewegungssequenzen (= Verbindung mehrerer Einzelbewegungen) zerlegt. Diese Bewegungsteile werden so lange eintrainiert, bis ein gewisser Grad an Automatisation erreicht ist. Anschließend versucht man, die eingeübten und somit kletterbaren Bewegungssequenzen wieder zusammenzufügen. Hierbei wird man oft feststellen, dass die Nahtstellen zwischen den eingeübten Bewegungssequenzen oft nochmals hohe Anforderungen an den motorischen Lernprozess stellen. Gerade im Anfängerbereich wird die Bedeutung dieser Bewegungsübergänge oft unterschätzt. Der Kletterer ist zwar in der Lage, die

Voraussetzung für das Erlernen und Anwenden der Figure-of-Four-Technik ist ein hohes Kraftniveau.

Einzelzüge zu klettern, aber von einem Durchstieg der Route noch weit entfernt. Der Könner hingegen plant auf Grund seiner größeren Bewegungserfahrung und der verbesserten Antizipationsfähigkeit die Realisierung der Bewegungsübergänge in der Bewegungsplanung schon mit ein. Wenn er dann die einzelnen Bewegungssequenzen zusammenfügt, muss er nur noch die schon bestehenden Bewegungsprogramme umsetzen.

Zu den Zielen, die im Verlauf des Techniktrainings verfolgt werden, gehören neben der korrekten Ausführung einer Bewegung und deren Anpassung an spezielle Gegebenheiten auch die Kontrolle der Bewegungsqualität. Es ist also erforderlich, eine

korrekte Ausrichtung der Kräfte und eine gute Kontrolle des Muskeltonus in den für die Bewegung relevanten Muskeln zu erzielen und unwillkürliche Bewegungen zu vermeiden. Unter der Ausrichtung der ausgeübten Kräfte versteht man die Präzision der Muskelspannung während der Bewegungsausführung bzw. der Haltezeit. Oft werden tangentiale Kräfte ausgeübt, die eine Bewegung oder deren Perfektion beeinträchtigen und zudem unnötige Kraft erfordern. Auch eine schlechte intermuskuläre Koordination (= Zusammenwirken von agonistischen und antagonistischen Muskeln während einer Bewegung) führt zu einem erhöhten Krafteinsatz und damit zu einem Energiemehrverbrauch. Die Kontrolle des Muskeltonus bezeichnet die Fähigkeit zur fein dosierten und regulierten Abstimmung der benötigten Kraft. Die vom Kletterer entwickelte Kraft kann entweder zu gering oder zu hoch sein. Eine unzureichende Kraftentwicklung hat zur Folge, dass die zu realisierende Bewegung nicht erfolgreich ausgeführt wird. Ein zu hoher Krafteinsatz dagegen führt wegen des höheren Energieverbrauchs zur schnelleren Ermüdung, so dass nachfolgende Bewegungsaktionen nicht mehr durchführbar sind.
Weiter sind willkürliche Bewegung, die nutzlos oder überflüssig sind, zu vermeiden. Bei diesen Bewegungen handelt es sich meist um automatisierte Bewegungen, die vom Kletterer gar nicht mehr bewusst wahrgenommen werden. Da sie nicht effektiv sind und zudem Energie fordern, müssen sie dem Kletterer bewusst gemacht und im Zuge des Trainings korrigiert und unter Kontrolle gebracht werden. Ein typisches Beispiel für eine solche »Leerbewegung« ist das Ausstrecken des Armes und das Berühren des Sicherungshakens mit der Hand, um festzustellen, ob der Haken schon eingehängt werden kann. Dieser Vorgang erfordert unnötig Kraft, weil während dieser Aktion die andere Hand allein die Haltearbeit verrichten muss. Das Körperbild (= Wahrnehmung und Bewusstsein der Grenze zwischen eigenem Körper und Umwelt) des Kletterers sollte so gut entwickelt sein, dass für die Distanzabschätzung die optische Analyse ausreicht.
Beim Erlernen von neuen Bewegungen ist für den Lernerfolg entscheidend, ob ein ganzheitliches Lernverfahren oder eine analytisch-synthetische Strukturierung angewandt wird. Gerade beim Klettern bietet sich wegen der Komplexität der Bewegungshandlung oft die analytisch-synthetische Vorgehensweise an. Beide Lernverfahren sind nützlich, so dass situationsabhängig entschieden werden muss, welches Verfahren angewandt wird. Der Vorteil der analytisch-synthetischen Strukturierung basiert darauf, dass sich Bewegungen lernrelevant aufbereiten lassen, indem entweder Bewegungssequenzen trainiert oder funktionale Gesichtspunkte betont werden. Die analytische-synthetische Methode geht von einer allgemeinen praktischen Situation aus und teilt diese in sinnvolle Teileinheiten. Zum Beispiel das Überwinden eines Daches wird in die drei Teileinheiten Klettern bis zur Dachkante, Überwinden der Dachkante, Dachausstieg gegliedert. Die einzelnen Teileinheiten werden isoliert eingeübt und anschließend wieder zu einem Ganzen zusammengefügt. Auch beim Erlernen der elementaren Sicherungstechnik wird das analytisch-synthetische Verfahren verwandt. So wird zuerst das Knüpfen des Achterknotens gezeigt, dann das Anseilen und schließlich das Einhängen des Seils in den Karabiner der Expressschlinge. Das ganzheitliche Lernverfahren kommt vor allem auf hohem Leistungsniveau beim Routentraining zum Einsatz. Hierbei wird speziell das Durchklettern einer Route an der individuellen Leistungsgrenze auf Anhieb trainiert.

Unterschiedliche Aspekte des Lernprozesses und deren Veränderung im Lauf des Techniktrainings

Aspekt des Lernprozesses	Anfängerstadium	Fortgeschrittenen-stadium	Könnerstadium
Durchführung der motorischen Aufgabe	• Ausführung nur unter günstigen Bedingungen • Kaum messbare Leistung	• Unter günstigen Bedingungen lässt sich leicht eine Leistungssteigerung erzielen, ansonsten unvollständig, schwache Leistung	• Große Sicherheit auch unter schwierigeren Bedingungen • Hohe Leistung unter den verschiedensten Umständen
Qualität der motorischen Ausführung	• Die Grundstruktur lässt sich erkennen • Merkmale wie Bewegungsgenauigkeit, -fluss und -konstanz sind kaum zu erkennen; starke Anspannung	• Unter günstigen Bedingungen: motorische Merkmale klar zu erkennen; bei ungünstigen Bedingungen: deutliche Ausführungsmängel	• Völlige Beherrschung der Technik auch bei störenden Einflüssen • Die Bewegungsmerkmale gut ausgebildet
Motorische Eindrücke	• Verwischt und kaum bewusst • Verarbeitung vor allem von visuellen Informationen, kaum von kinästhetischen Informationen	• Größtenteils konkret und detailliert; Bewegung ist bewusst und verbalisierbar • Starke kinästhetische Beteiligung	• Mit großer Präzision; bewusst verständlich; einschließlich der kinästhetischen Informationen
Vorstellung von der Bewegung	• Verwischt, visuell bestimmt • Die räumlichen Elemente sind vorherrschend	• In Einzelheiten: kinetisch geprägt • Dynamische und zeitliche Teile	• Wird antizipiert, kreativ und vielfältig
Steuerung und Regulierung	• Feedback von außen herrscht vor • Sehr anfällig gegen Unterbrechungen	• Regulierung beruht auf detailliertem Feedback auch von innen • Nur durch größere und eher außergewöhnliche Störungen zu beeinflussen	• Anpassung (Regulierung) mit Vorausdenken in den unterschiedlichsten Lagen • Stabilität des Ergebnisses, auch unter massiven Störungen

Die Auswahl der Inhalte für den Aufbau des Techniktrainings richtet sich nach den allgemeinen motorischen Lernprinzipien:
- vom Bekannten zum Unbekannten und
- vom Leichten zum Schweren.

Die Tabellen auf Seite 36 und 37 fassen die wesentlichen Aspekte des Techniktrainings in den verschiedenen Leistungsstufen (Anfänger, Fortgeschrittener, Könner) zusammen.

Beherrschungs-niveau und Lernphase	Ziele des Techniktrainings	Hauptsächlichste methodische Maßnahmen; Vorgehensweise
Anfänger	• Anpassung an das technische Ziel; Entwickeln einer allgemeinen Vorstellung von der Bewegung • Sammeln grundlegender motorischer Erfahrungen • Erlernen der Grundstruktur der Bewegung (Grobkoordination der Bewegung)	• Zeigen, Erklären • Konstruktive Übung unter einfachen Bedingungen
Fortgeschrittene	• Perfektionieren der Vorstellung von der Bewegung • Eliminieren unnötiger Bewegungen und Muskelanspannungen (Feinkoordination der Bewegung) • Es wird begonnen, die Unbeeinflussbarkeit durch Störungen zu trainieren • Erste Erfahrungen im Wettkampf	• Beobachtung; gemeinsame Bewegungsanalyse • Vielfache Wiederholung der Bewegung, wobei nach und nach die Erleichterungen gestrichen werden • Übung unter normalen Bedingungen und Einführung von Zusatzschwierigkeiten
Könner	• Fähigkeit zur Selbstkorrektur • Progressive Stabilisierung und Automatisation • Anpassung an unterschiedliche Bedingungen und Sichern der Technik in extremen Stresssituationen • Schaffung neuer Techniken bzw. Varianten • Steigerung der körperlichen Fitness im Hinblick auf Wettkampftermine • Abstimmung zwischen körperlicher Fitness und Training • Besondere Rücksichtnahme auf die individuellen Eigenarten des Sportlers	• Konzentrierte Ausbildung der motorischen Wahrnehmung und Beobachtung • Steigerung der Trainingsintensität • Variieren der Bedingungen • Akzentuieren von Einzelheiten • Erhöhen der Störfaktoren • Schaffen extremer Stresssituationen • Experimente mit der Technik • Spezielle Übungen zur Ausbildung der körperlichen Fitness

Wichtigste Ziele und methodische Maßnahmen des Techniktrainings für die verschiedenen Beherrschungsniveaus

Methodologische Überlegungen zum Techniktraining

Folgende methodologische Überlegungen sind für die Planung und Gestaltung des Techniktrainings notwendig:

– Auf dem Anfängerniveau ist ein permanenter Informationsaustausch zwischen dem Trainer oder Kletterpartner unerlässlich. Dabei handelt es sich zum einen um ein Feedback von außen. Es werden Anweisungen geben, Bewegungen vorgemacht und nachgemacht, Hilfestellung gegeben etc. Zum anderen unterstützt die Verbalisierung einer Bewegung den motorischen Lernprozess. Es ist bekannt, dass sich Bewegungen nur dann verbalisieren lassen, wenn eine klare Bewegungsvorstellung besteht.

– Es muss immer ein Modell geben, an Hand dessen auf optischer Ebene eine Bewegungsvorstellung geschaffen werden kann. Obwohl diese Modelle unverzichtbar sind, darf daraus nicht resultieren, dass die Kreativität, die ein Kletterer entwickeln muss, eingeschränkt wird.
– Das Training von Bewegungsaktionen läuft immer nach demselben Grundschema ab: Zuerst erfolgt eine bewusste Ausführung der Bewegungstechnik, diese wird anschließend mehrfach wiederholt, und schließlich wird an der Präzision und allen ihren Variablen gefeilt.

Phasen des Techniktrainings

Bewusstes Ausführen der Technik
+
Wiederholungen
+
Feinabstimmung der Präzision der Bewegung
Einführung von Variablen

– Die Systematisierung (= bewusste Organisation der Arbeit) ist entscheidend, um ein effektives Erlernen der Technik sicherzustellen. Das Klettern allein reicht dabei für eine optimale Technikausbildung nicht aus. Wenn nur geklettert wird, steht die Stabilisierung von bereits gefestigten Bewegungsgrundmustern im Vordergrund. Der Lernprozess, der für das Neulernen von Techniken notwendig ist, kann dabei nicht so vertiefend wie eigentlich nötig erfolgen. Die Aufmerksamkeit des Kletterers ist beim alleinigen Routenklettern zu sehr auf die Bewältigung der momentanen Kletterroute gerichtet. Dies hat oft zur Folge, dass die Einzelbewegungen und somit die Lösung von bestimmten Kletterstellen lediglich im Ultrakurzzeit- oder Kurzzeitgedächtnis gespeichert werden. Eine dauerhafte Speicherung im Langzeitgedächtnis wird durch den fehlenden Übungsprozess nicht erreicht. Deutliches Beispiel hierfür ist das Phänomen, dass Kletterer nicht in der Lage sind, sich bestimmte Bewegungssequenzen einzuprägen, und somit bei jedem Versuch eine andere Lösungsmöglichkeit präsentieren. Ein Lerneffekt ist erst dann gegeben, wenn der Kletterer fähig ist, die Bewegungen, die bei mehrmaliger Wiederholung eintrainiert wurden, auch in einer anderen, ähnlichen Situation zu realisieren. Nur dann kann man davon ausgehen, dass man gelernt hat, besser zu klettern, und nicht nur, ein bestimmtes, punktuelles Problem zu meistern.
– Es darf nie eine technische Aktion trainiert werden, zu deren Ausführung der Sportler nicht fähig ist. Dafür können Einschränkungen im konditionellen, koordinativen oder auch psychischen Bereich verantwortlich sein. Als Beispiel sei hier nur erwähnt, dass Kletterer oft erfolglos versuchen zu blockieren, ohne zu merken, dass ihnen dazu die nötige Oberarmkraft fehlt.
– Im Anfangsstadium des Erlernens einer Technik sollte der Kletterer sich immer nur auf eine Teilaufgabe der Bewegungsausführung konzentrieren, möglichst ohne psychischen Druck und im ermüdungsfreien Zustand, so dass die Kraftkomponente keinen limitierenden Faktor darstellt. Wird die Technik besser beherrscht wird, so kann die Anzahl der Störfaktoren erhöht werden (z. B. das

Techniktraining wird bewusst mit ermüdeter Muskulatur absolviert). Dabei kann der Schwierigkeitsgrad der Trainingssituation den erforderlichen Schwierigkeitsgrad übertreffen.

– Alles Gelernte muss so schnell wie möglich auf spezifische Situationen übertragen werden. Vor allem das, was in unspezifischen Situationen und außerhalb des Leistungsbereichs erworben wurde (z. B. ein Sprung bei einem Quergang, der an der Kletterwand zu Hause erlernt wurde, muss am Felsen in einer konkreten Klettersituation umgesetzt werden). Dieser Grundsatz gilt auch für das Erlernen der Sicherungstechnik.
– Ebenso muss das Erlernte nach und nach auf möglichst unterschiedliche Situationen angewandt werden. Hierzu zählen unterschiedliche Körperpositionen, Felsentypen, Wandprofile usw.
– Das Entwickeln der Technik ist beim Klettern in verschiedenen Bereichen erforderlich. Gliedern lassen sich diese in:
  - Techniken für das Freiklettern
  - Techniken für die künstliche Fortbewegung
  - Sicherungstechniken; hierzu zählen u. a. Sicherungstechniken für den Vor- und Nachstieg sowie beim technischen Klettern, die Selbstrettung, Abseiltechniken
  - ergänzende Techniken, wie das Hochziehen des Materialsacks, Spannen von Seilgeländern, Anlegen von Biwaks usw.

Die in Trainingssituationen erlernten Techniken müssen so rasch wie möglich beim Klettern angewendet werden.

Viele Autoren haben auf teilweise doch recht unterschiedliche Weise versucht, die Elemente der Klettertechnik darzustellen. Diese sind normalerweise in den Lehrplänen zum Kletter- und Bergsport enthalten. Als Beispiel ist im Überblick die Gesamtheit der Fortbewegungstechniken dargestellt. Es wird die Einteilung übernommen, die in der Spanischen Hochgebirgsschule etabliert ist. Ergänzt werden muss diese allerdings mit den Sicherungstechniken und den ergänzenden Techniken.

Klassifizierung der Fortbewegungstechniken beim Klettern

Fortbewegungstechnik beim freien Klettern	Fortbewegungstechnik beim technischen Klettern
Plattentechniken: Frontale Fortbewegung Fußreibung Blockieren Tiefes frontales Blockieren Seitliches Blockieren Stützen Lolot Manteln Kreuzgriff (über- und untergreifen) Kreuztritt (über- und untertreten) Griffwechsel Trittwechsel Heelhook Foothook Heelhook-Klimmzug Sprung Kamintechniken: Stemmtechnik Spreiztechnik Verschneidungstechniken: Stemmtechnik Spreiztechnik Risstechniken: Piaztechnik Klemmtechnik Dachtechniken: Figure of Four Eindrehen Abklettern Abstiege: Seitlich Frontal	A0-Techniken Leitertechniken: Vertikal An Überhängen An Dächern Bei Quergängen und Abstiegen Frei Seiltechniken: Abstieg am Flaschenzug Abseilen Rückkehr zur Position über das Sicherungsseil Aufstieg an Geräten Aufstieg an Knoten und Systemen

3 Strategie- und Taktiktraining

Genauso wie ein Rennfahrer in der Rallye Paris–Dakar so zu fahren lernt, dass er die Kontrolle über sein Fahrzeug behält, den Treibstoff einteilt, das Verhalten seiner Gegner analysiert und sich dafür entscheidet, ob er auf der Piste bleibt oder querfeldein abkürzt usw., muss der Kletterer eine Reihe von »Kniffen« beherrschen, um seine Route erfolgreich meistern zu können.
Im Sport versteht man unter Taktik den Einsatz von verschiedenen Handlungsplänen und Entscheidungsalternativen, so dass ein optimaler sportlicher Erfolg bei der Lösung von klettertechnischen Problemen erreicht wird.
In der Regel handelt es sich beim Klettern um ein individualtaktisches Verhalten. Gruppen- bzw. mannschaftstaktisches Verhalten ist z. B. beim Klettern in Seilschaft oder beim Expeditionsbergsteigen von Bedeutung. In jedem Fall bedeutet es aber, dass alle Eventualitäten und deren mögliche Konsequenzen bedacht werden müssen, um einen Handlungsplan bzw. gleichzeitig alternative Handlungspläne für das Erreichen der praktischen Ziele aufzustellen. Diese Handlungsalternativen sind deshalb notwendig, damit sofort auf Abweichungen vom erwarteten Wettkampf-(Kletter-)Verlauf reagiert werden kann. Die Bedeutung der Taktik und somit auch das Taktiktraining wird im Klettersport teilweise heute noch vernachlässigt. Meist wird dem Erreichen einer perfekten Klettertechnik ein höherer Stellenwert eingeräumt, und es wird versucht, über diesen Weg die Kletterleistung weiter zu steigern.
Die Effizienz des Kletterns wird vor allem auf die Bewegungsausführung und die dabei benötigte Energie beschränkt. Dies hatte zur Folge, dass das Erlernen des Kletterns im Wesentlichen mit dem Erlernen von Bewegungen gleichgesetzt wurde. Von dieser einseitigen Sichtweise hat man sich gelöst, so dass heutzutage nicht mehr nur Wert auf die Bewegungausführung an sich gelegt wird, sondern versucht wird, dem Stellenwert des taktisches Verhaltens für die Gesamtleistung Rechnung zu tragen. Das Interesse sollte also mehr auf die bewusste Informationsverarbeitung von Seiten des Kletterers gelenkt werden.
Selbst wenn ein Kletterer über sehr gut entwickelte konditionelle Fähigkeiten verfügt, die besten psychischen Voraussetzungen mitbringt und zudem eine gute Technik hat, kann er seine Leistungsfähigkeit nur dann zur Geltung bringen, wenn er diese Voraussetzungen auch bestmöglich einsetzen kann. Es nutzt ihm nichts, wenn er zwar die Technik korrekt ausführt, diese jedoch in der speziellen Situation nicht zum Erfolg führt. Gründe hierfür können sein, dass der Kletterer die Routenführung nicht erkennt, Ruhe- und Schüttelpositionen an Stellen oder Griffen einnimmt, die ungeeignet sind, und an anderer Stelle geeignete Rastpositionen übersieht. Ein richtiges taktisches Verhalten kann ausschlaggebend sein, ob eine Route noch geklettert werden kann oder mit einem Sturz beendet wird.

Taktisches Verhalten ist genauso wie Technik und Kondition erlern- bzw. trainierbar. Hierzu muss sich der Kletterer eine ihm unbekannte Route aussuchen. Dabei ist es gleichgültig, ob es sich dabei um Klettern an Felsen oder künstlichen Wänden, Ein- oder Mehrseillängenrouten oder Bouldern handelt. Das Spiel besteht einfach darin, sich mit Geschick zum gegebenen Ziel vorwärts zu bewegen. Dafür muss er die geeigneten Griffe entdecken, sie unter Anwendung der geeigneten Technik nutzen und sich gegebenenfalls zusätzlich sichern. Gleichzeitig muss der Sichernde seine Aktionen mit denen des Kletterers koordinieren, damit die vom Kletterer angewendeten Sicherungsmaßnahmen auch wirksam werden können.
Genau genommen ist das taktische Verhalten vom strategischen Verhalten abzugrenzen. Der Unterschied zwischen beiden liegt in der zeitlichen Dimension. Strategisches Verhalten ist dabei mittel- bis langfristig angelegt und geplant. Taktisches Handeln hingegen bezieht sich auf eine momentane konkrete Situation. Die Strategie kann somit vorher vom Kletterer oder Trainer festgelegt werden. Die Taktik dagegen ist die praktische Umsetzung von Bewegungshandlungen, wobei die strategische Planung permanent an die reale Situation angepasst wird. Bei der Umsetzung der Taktik ist die handelnde Person immer diejenige, die entscheidet. Diese Entscheidungen werden von energetischen, technischen, gefühls- und beziehungsbezogenen Faktoren mit beeinflusst.
Wenn Strategie und Taktik auch als kognitive Prozesse eng miteinander verbunden sind, so liegt die Strategie doch im Bereich der Planung und die Taktik im Bereich der Ausführung. Die Strategie wird vorgegeben, noch bevor die erste Kletterbewegung ausgeführt ist. Die Taktik hingegen beginnt erst in dem Augenblick des eigentlichen Kletterns. Die getroffenen Entscheidungen werden an die aktuellen Situationen angepasst. Folgendes Beispiel verdeutlicht nochmals den Zusammenhang von Strategie und Taktik. Ein Kletterer überlegt sich, wie er am besten ein Boulderproblem bewältigt, das ihm seine Freunde zu Hause an der künstlichen Wand aufgebaut haben. Nach Betrachten der Griffe wählt er einige davon aus und legt die Griff- und Trittabfolge fest. Hierbei handelt es sich um strategisches Vorgehen. Bei der Ausführung seines konzipierten Bewegungsplans muss er jedoch seine Bewegungen an die genaue Form der Griffe anpassen und zudem versuchen, Ermüdungsprozessen möglichst entgegenzuarbeiten. Hierbei handelt es sich jetzt um taktisches Verhalten.

Phasen des strategisch-taktischen Verhaltens

Das Klettern zeichnet sich als Sportart aus, bei der eine hohe Variabilität der Situationen vorliegt. So lassen sich beim Klettern niemals zwei identische Routen wiederholen. Das bedeutet, dass der Kletternde wie der Sichernde über ein gutes Vermögen zur richtigen Situationseinschätzung und -beurteilung verfügen müssen. Nur so sind sie in der Lage, die Gegebenheiten für die Problemlösung so weit zu abstrahieren, dass sie auf ein Grundschema zurückgreifen können. Der Problemlösungsprozess als strategisch-taktisches Verhalten besteht aus fünf Phasen. Die erste Phase (sensorischer Abschnitt) beinhaltet die Wahrnehmung der Situation (z. B. weiter Griffabstand, der statisch nicht überwunden werden kann). In der zweiten Phase (diskriminatorischer Abschnitt) erfolgt die gedankliche Auseinandersetzung und

Analyse der Situation (z. B. Suche nach kleinen Zwischengriffen). Die eigenen Möglichkeiten werden dabei durchkalkuliert und die gedanklichen Lösungsmöglichkeiten durchgespielt. Anschließend erfolgt in der dritten Phase (kombinatorischer Abschnitt) die konkrete Erstellung des Handlungsplans, der vom Kletterer als momentan beste Aufgabenlösung betrachtet wird. Die vierte Phase (operativer Abschnitt) setzt den Handlungsplan in die Handlung um. Dabei laufen gleichzeitig operative Denkprozesse ab, durch die der ursprüngliche Handlungsplan permanent an die Bedingungen der Situation angepasst wird. Die abschließende fünfte Phase (auswertender Abschnitt) führt die Ergebnisanalyse durch. Hier findet die subjektive Bewertung des Handlungsergebnisses statt. Wie intensiv diese Phase ausfällt, ist entscheidend für das Sammeln von Erfahrungen. Die einzelnen Phasen werden im Weiteren genauer erläutert.

Oft werden Handlungen ohne oder nur mit unzureichender gedanklicher Situationsanalyse ausgeführt. Man spricht dann von Impulsiv- oder Spontanhandlungen. Typisches Beispiel aus dem Bereich des Fußballs ist ein unüberlegter Torschuss in ungünstiger Position, während der Mitspieler völlig frei steht. Beim Klettern sind solche Impulsivhandlungen auf jeden Fall zu vermeiden, da sie zu einem nicht kalkulierbaren Sturz führen und somit die Gesundheit des Kletterers gefährden können.

Wahrnehmung und Analyse der Situation (Phase 1 + 2)

Schon vor der eigentlichen Kletteraktion sollten vom Kletterer zusätzliche Informationen gesammelt werden, die ihm bei der Routenbewältigung hilfreich sein können. Hierzu zählt u. a. Anschauen eines Routentopos, um Informationen über die Kletterlänge, Sicherungsmöglichkeiten, Wandstruktur etc. zu erhalten. Ergänzt werden die

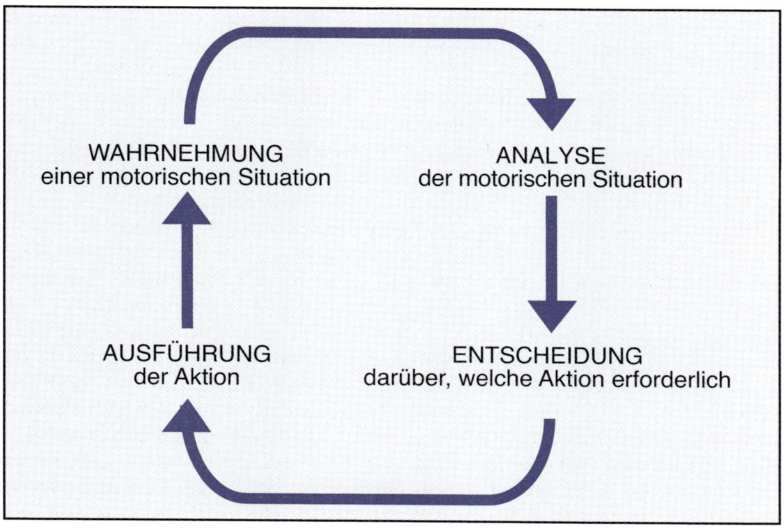

Phasen des Problemlösungsprozesses

Informationen durch eine optische Analyse der Route (ggf. mit einem Fernglas) oder durch Befragung anderer Kletterer, die die Route kennen und von denen somit schon eine detaillierte Auskunft über die Bewegungssequenzen in den Schlüsselstellen erhalten werden kann. Die gesammelten Zusatzinformationen müssen dann selektiert werden, wobei entscheidend ist, dass den Informationen die richtige Bedeutung beigemessen wird. Es gilt nutzlose Informationen auszusondern, da diese vom Wesentlichen ablenken. Die komplexe Wahrnehmung aller Informationen ist entscheidend für eine gute Strategie. Die Aufnahmefähigkeit von Informationen hängt von folgenden Faktoren ab:

Anzahl der Reize, die beachtet werden müssen

Je größer die Anzahl der Reize und damit die Reizdichte ist, desto langsamer werden die Informationen verarbeitet und analysiert. Beim Klettern muss eine große Anzahl von Reizen gleichzeitig verarbeitet werden, z. B. die Wahrnehmung des Routenverlaufs, der Wandneigung und Wandstruktur, der Reibung des Gesteins bzw. der Wand, der verschiedenen Griffstrukturen, des Abstand zwischen den Sicherungen, der Qualität der Sicherungen, des Abstands zur nächsten bzw. letzten Sicherung, der Körperposition, des momentanen Krafteinsatzes, von Geräuschen, die über die Gesteinsqualität Auskunft geben, der Zurufe vom Sichernden oder von anderen Personen.

Die Informationsaufnahme muss beim Klettern vollständig sein und innerhalb kürzester Zeit erfolgen.

Reizdauer

Je länger ein Reiz andauert, umso größer ist die Chance, dass dieser auch bewusst wahrgenommen wird. Lang andauernde monotone Reize hingegen führen zur Ermüdung. Der Kletterer muss während des Kletterns das richtige Verhältnis zwischen Beobachtungszeit, die dazu dient, Informationen zu gewinnen, und der dabei erforderlichen Haltearbeit, bei der Ermüdung entsteht, finden. Wenn er zum Beispiel mehr Zeit als nötig auf die Gewinnung von Informationen verwendet, indem er ganz detailliert alle Eigenschaften eines Griffs ermittelt, so kann sich daraus eine überflüssige Ermüdung ergeben.

Reizintensität

Je deutlicher sich Reize von der Umgebung abheben, umso größer ist die Wahrscheinlichkeit der bewussten Wahrnehmung. Ein weißer Magnesiafleck in der Wand hebt sich deutlich von der Umgebung ab und wird somit vom Kletterer als möglicher Griff anvisiert. Hat hingegen der Regen die Magnesia abgewaschen, so wird es für den Kletterer wesentlich schwerer, diesen Griff aus seiner Umgebungsstruktur herauszufiltern und darin einen Haltepunkt zu erkennen.

Klarheit oder mögliche Verwechslung der Reize

Die Wahrnehmung wird schwieriger, wenn die Klarheit des Reizes abnimmt. Typisches Beispiel hierfür sind durch Kälte gefühllos gewordene Hände beim Klettern, so dass vom Kletterer nur noch diffuse Empfindungen über die taktilen Rezeptoren wahrgenommen werden.

Auch ein lautes Stimmengewirr an der Wand kann den Kletterer irritieren, da es ihm nicht möglich ist, aus der Vielfalt der Informationen für ihn relevante (z. B. Zuruf des Sichernden über die Position des nächsten Griffs) herauszufiltern. Bei einer solchen Situation ist es sinnvoller, das Stimmengewirr überhaupt nicht zu beachten, da durch den Filterungsprozess die Aufmerksamkeit des Kletterers hochgradig in Anspruch genommen wird und ihn zu stark von seiner eigentlichen Aufgabe ablenkt.

Die beste Möglichkeit, eine Information festzuhalten und sie so später wieder verwenden zu können, ist, sie aufzuschreiben. Das gilt vor allem dann, wenn die Datenmenge die Erinnerungsfähigkeit des Sportlers übersteigt.

Unterstützend kann man dabei auch auf audiovisuelle Medien (Bemerkung: bei Wettkämpfen sind nach dem derzeitigen Reglement elektronische Medien nicht zugelassen) zurückgreifen. Bevor eine Analyse der Informationen vorgenommen werden kann, müssen in einem ersten Schritt aus dem Informationsangebot die Informationen extrahiert werden, die als wichtig erachtet werden. Nur diese fließen dann in den Prozess der Informationsverarbeitung ein. Dabei darf nicht jede Information für sich alleine betrachtet werden, sondern auch resultierende Wechselwirkungen müssen erkannt und mit berücksichtigt werden.

Je besser das strategisch-taktische Verhalten ausgebildet ist, umso mehr kann der Kletterer hier auch auf automatisierte Mechanismen zurückgreifen. Dies hat zur

Das Skizzieren der Route einschließlich Griffen und Tritten unterstützt das Gedächtnis.

Folge, dass sich die Zeitspanne zwischen der Informationswahrnehmung und der taktischen Reaktion verkürzt.

Entscheidung und Ausführung (Phase 3 + 4)

In die dritte Phase fällt das Treffen von Handlungsentscheidungen und somit die Erstellung des konkreten Handlungsplans. Dessen Grundlage bildet somit die Situationsanalyse. Ist der Handlungsplan festgelegt, so sollte er die einzige Leitlinie sein, nach der sich der Kletterer richtet. Unter Einbeziehung zusätzlicher Informationen kann oder muss der Handlungsplan jedoch weiter modifiziert werden. Voraussetzung, dass der Kletterer seine geplante Handlung auch tatsächlich umsetzt, ist die Überzeugung, dass das erstellte Konzept als momentan beste Aufgabenlösung angesehen wird. Der Prozess der Entscheidungsfindung wird jedoch immer komplexer, je mehr Faktoren in Betracht gezogen werden müssen. Hierzu zählen die Anzahl der zu treffenden Entscheidungen sowie mögliche Alternativen oder die begrenzte Zeit, die für das Treffen einer Entscheidung zur Verfügung steht.

Anzahl der zu treffenden Entscheidungen

Das Bouldern ist vom Standpunkt der zu treffenden Entscheidungen aus einfacher als das Klettern einer Seillängenroute. Dies gestaltet sich wiederum weniger komplex als das Klettern einer Mehrseillängenroute. Begründet werden kann dies durch die Anzahl der gleichzeitigen oder konsekutiven Entscheidungen, die im Verlauf der Routenbewältigung zu treffen sind.

Anzahl der möglichen Alternativen

Die Probleme, die eindeutig zu lösen sind, sind einfacher als diejenigen, bei denen zwischen mehreren Optionen gewählt werden muss. Gerade die Lösung von Kletterstellen lässt meistens mehrere Möglichkeiten offen, so dass hier die individuell günstigste Bewegungslösung erkannt werden muss. Dies erschwert den Entscheidungsprozess vor allem dann, wenn die zu realisierende Schwierigkeit den Bereich der individuellen Leistungsgrenze erreicht.

Zeit, die zum Treffen einer Entscheidung zur Verfügung steht

Die Zeit für die Entscheidungsfindung ist meist begrenzt. Limitierender Faktor ist die zur Verfügung stehende Kraft. Auf Grund neuronaler Ermüdungsprozesse und energetischer Defizite können in der Regel die für die Haltearbeit der oberen Extremität erforderlichen Kraftwerte nicht mehr aufgebracht werden. Der Einfluss des Zeitfaktors wird umso bedeutender, je mehr sich die Kletterschwierigkeit der individuellen Leistungsgrenze nähert. Mitunter reicht dann die Zeit nicht mehr aus, um ausreichende Informationen zu sammeln oder diese zu analysieren. Dies kann dann dazu führen, dass z. B. ein entscheidender Griff oder Tritt übersehen wird und sich somit die Kletterschwierigkeit nochmals erhöht. Unter Zeitdruck getroffene Entscheidungen bzw. Bewegungsprogrammierungen können fehlerhaft sein und führen

Faktoren der strategisch-taktischen Komplexität

Wahrnehmung der Reize:
- Anzahl
- Dauer
- Intensität
- Klarheit

Treffen von Entscheidungen:
- Anzahl
- Alternativen
- verfügbare Zeit

Einige der Faktoren, von denen die Komplexität der strategisch-taktischen Leistung abhängt

unter ungünstigen Bedingungen zum Sturz. Andererseits sollte die Entscheidungsfindung auch nicht künstlich verlängert werden, da dies nur einen zusätzlichen Kraftaufwand und koordinative Leistungen erfordert, die bei der weiteren Routenbewältigung dann fehlen können.
Auf jeden Fall sollte vor Einstieg in die Route eine ausführliche und exakte Planung erfolgen, da beim Stehen am Boden die Gravitationskräfte die Muskulatur bei weitem nicht so beanspruchen wie beim Hängen in der Wand.
Die Handlungsausführung nimmt im Prozess des strategisch-taktischen Verhaltens die zentrale Rolle ein, da hier die festgelegten Vorgaben umgesetzt und exakt ausgeführt werden müssen. Jetzt zeigt sich, ob die auf kognitiver Ebene abgelaufenen Prozesse sich in realisierbare Bewegungsprogramme umsetzen lassen. Nur unter dieser Voraussetzung kann die Lösung der Bewegungsaufgabe realisiert werden. Den Spitzenkletterer zeichnet eine realistische Einschätzung seiner Fähigkeiten und Fertigkeiten aus, so dass von ihm die entworfenen Bewegungslösungen in der Regel auch durchführbar sind. Auf niedrigerem Leistungsniveau beobachtet man oft bei Kletterern Lösungsansätze, die aus physischen und physikalischen Gründen nicht praktikabel sind.

Ergebnisanalyse (Phase 5)

Für das Sammeln von Erfahrungen ist die Intensität, mit der eine subjektive Bewertung des Handlungsergebnisses vorgenommen wird, entscheidend.
Wird z. B. der Kletterversuch mit einem unangenehmen Sturz beendet, so überdecken die Eindrücke des Sturzes die während des Bewegungsvollzugs wahrgenommenen Bewegungsempfindungen. Dies führt dazu, dass die eigentlich vom Kletterer vorzunehmende Ergebnisanalyse über das erstellte und ausgeführte Bewegungsprogramm nicht oder nur ungenau durchgeführt wird. Ein weiteres Problem ergibt sich, wenn nicht identifizierbar ist, in welcher Phase des strategisch-taktischen Prozesses der Fehler aufgetreten ist. Rutscht z. B. der Fuß vom Tritt, so ist der Fehler mit ziemlich hoher Wahrscheinlichkeit in der Ausführungsphase zu suchen. Für den folgenden Versuch bedeutet dies dann, dass lediglich geringfügige Korrekturen bei der Trittbelastung vorzunehmen sind; die Bewegungsprogrammierung insgesamt jedoch kann beibehalten werden.
Meist kann jedoch nur mit einer gründlichen Analyse die eigentliche Fehlerquelle entdeckt werden. Noch komplizierter gestaltet sich der Prozess, wenn mehrere Fehler auftreten. Hier muss festgestellt werden, ob zwischen den Fehlern ein kausaler Zusammenhang besteht. In einem solchen Fall ist entscheidend, dass der Hauptfehler

behoben wird. Manche Kletterer neigen dazu, Misserfolge auf mangelnde konditionelle Voraussetzungen zu schieben, und versuchen diese durch ein extremes Krafttraining zu beseitigen. Sie übersehen dabei, dass sie einfach nur nicht die Bewegung ausgeführt haben, die zur Bewältigung der Kletterstelle notwendig gewesen wäre.
Bei vielen Kletterern lassen sich Fehler im strategischen Verhalten feststellen, die mit einem geeigneten Training ausgemerzt werden können. Als Denkanstoß seien hier folgende Beispiele genannt:

- Ein Kletterer steigt zwar aufgewärmt in eine Route ein, vergisst aber am Boden stehend sich durch eingehende Routeninspektion notwendige Informationen zu verschaffen. Die Folge dieses Verhaltens ist ein Sturz nach wenigen Metern, da er sich schon am Einstieg »verklettert« hat.
- Ein Kletterer versucht völlig überstreckt von einer kleinen Leiste aus den Sicherungshaken einzuhängen. Zwei Kletterzüge weiter, neben dem Haken, ist ein großer Griff, von dem aus ohne großen Kraftaufwand dieser hätte eingehängt werden können.
- Vor einer kleingriffigen Schlüsselstelle ist eine breite Leiste, an der ausgeruht und abwechselnd die Arme geschüttelt werden können. Der Kletterer übersieht diese Rastposition und klettert vorermüdet in die Schlüsselstelle.

Insgesamt zielt das Training des strategisch-taktischen Verhaltens darauf ab, dass:

- Informationen schneller aufgenommen werden
- ein effektiveres Beobachtungsverhalten ausgebildet wird
- die Informationsauswahl sich auf die wesentlichen Merkmale beschränkt
- das Ergebnis des Handlungsverlaufs schneller und richtiger beurteilt wird.

Der Handlungsplan

Der Handlungsplan beinhaltet die Gesamtheit der Aktionen, die der Kletterer zur Ausführung auswählt. Darin ist ihre genaue Abfolge festgesetzt einschließlich der Variationen, die sich aus möglichen Situationsänderungen ergeben können. Dieser Plan wird zum unersetzlichen Werkzeug, um sich mit Erfolg einer Kletterroute stellen zu können.
Die Wettkampfkletterer auf internationaler Ebene zeichnen sich durch eine optimale Erstellung der Handlungspläne aus. Nur so sind sie in der Lage, sich den Herausforderungen des Kletterwettkampfes zu stellen, bei dem an einem bestimmten Tag und zu einer bestimmten Zeit die Wettkampfroute innerhalb eines vorgegebenen Zeitlimits on-sight geklettert werden muss. Der Kletterer selbst hat dabei keinen Einfluss auf diese äußeren Bedingungen. Diejenigen, die sowohl für Wettkämpfe als auch für andere Kletterprojekte einen Handlungsplan korrekt erstellen und umsetzen können, haben deutlich größere Erfolgschancen.
In gleicher Weise erarbeiten viele den Handlungsplan für ihre Klettertouren. Ein strategisch-taktisches Vorgehen ist vor allem dann zu beobachten, wenn die Versuche, die Route zu klettern, sich über mehrere Tage erstrecken. Bezüglich der Planung wird dabei allerdings oft mehr auf die allgemeine Organisation und Logistik Wert gelegt, konkrete Bewegungsplanungskonzepte zur Routenbewältigung werden eher vernachlässigt.

Im Folgenden wird ein Beispiel für einen Handlungsplan aufgezeigt, der die weitreichende Bedeutung und den Wert dieses strategischen Werkzeugs noch verdeutlicht. Ausgangspunkt ist die Bewältigung der Vorrunde bei einem Wettkampf im Schwierigkeitsklettern. Der Wettkampf dauert einen halben Tag, und der Handlungsplan wurde anhand realistischer Daten erstellt.

Beispiel für einen Handlungsplan:

Die Isolationszone wird um 7.30 Uhr geöffnet und um 9.00 Uhr geschlossen. Der Wettkampf wird um 9.30 Uhr mit der Wandbesichtigung eröffnet, und der erste Kletterer startet um 9.45 Uhr. Ich habe die Startnummer 20.
Mein Wecker klingelt um 6.30 Uhr, damit ich langsam wach werden kann, so wie es mir am liebsten ist. Um 6.40 klingelt er noch einmal, und ich stehe auf, um wie immer ins Bad zu gehen. Nach dem Ausziehen dusche ich mich rasch, aber intensiv und ziehe mich mit der Kleidung, die ich vor dem Schlafengehen gerichtet hatte, warm an. Auch die Uhr vergesse ich nicht anzulegen.
Um 7.00 Uhr gehe ich in den Speisesaal und frühstücke wie immer. Auch wenn neue oder leckere Gerichte angeboten werden, nehme ich nichts davon, da ich nicht weiß, wie sie mir bekommen. Mit der Route erwarten mich heute schon genug Überraschungen. Beim Frühstück nutze ich die Gelegenheit, mich mit den anderen Kletterern im Speisesaal zu unterhalten. Einige haben es eilig, weil sie eine frühe Startnummer haben; mal sehen, ob ich es schaffe, einen aufzuhalten und nervös zu machen!
Spätestens um 7.20 Uhr putze ich mir die Zähne und hole den Rucksack, der schon für den Wettkampf mit der Trainingskleidung und den nötigen Kletterutensilien gepackt ist. Er enthält zudem ein Fernglas, einen Notizblock, meine Startunterlagen, den Wettkampfausweis, eine Isomatte, ein Sprungseil, einen Walkman und einen Beutel mit Essen und Wasser zum Trinken. Ich gehe zu Fuß zum Wettkampfort; es sind nur zwanzig Minuten. Der Spaziergang wird mir gut tun. Ich halte Handschuhe und Mütze bereit, falls es kalt sein sollte.
Da ich nicht der Erste bin, muss ich beim Einlass in die Isolationszone vielleicht warten. Ich werde nicht die Geduld verlieren, denn ich habe Zeit. Ich halte meinen Ausweis bereit, der immer angefordert wird, und sobald ich eingelassen bin, suche ich mir einen Platz für meine Sachen. Den habe ich lieber nicht zu nahe bei der Kletterwand, und auch nicht an Durchgangsstellen wie dem Weg zu den Toiletten oder zum Ausgang; also suche ich mir etwas Ruhiges. Wenn José und Alba schon da sind, schließe ich mich ihnen an; sie sind gute Kumpel und finden immer gute Plätze. Ich suche sofort die Startliste und vergewissere mich noch einmal bezüglich der Startzeit.
Die Atmosphäre wird gespannt sein, und alle wollen sich an der Kletterwand aufwärmen. Ich habe es nicht eilig. Ich drehe eine Runde und bespreche mich mit anderen. Wenn mich jemand fragt, sage ich, dass alles okay ist. Vielleicht wollen sie wissen, ob ich mein neues Kletterprojekt schon geschafft habe; ich werde sie ein wenig schrecken. Mich interessiert nicht, wie es den anderen geht und was sie fühlen. Über meinen eigenen Zustand möchte ich nicht reden, und so weiche ich allen Fragen diesbezüglich aus. Ich mache einen Spaziergang, um das Gelände zu erkunden, die Toilette zu besuchen und die Kletterwand einschließlich ihrer Griffe zu inspizieren. Besonders achte ich darauf, ob neue Griffformen vorhanden sind. Ich erkundige

mich, ob Wasser oder etwas zu essen angeboten wird, obwohl ich alles Notwendige dabeihabe.
Ich muss mich beherrschen, um nicht an der Übungswand zu klettern. Wenn ich Lust habe, mich ein bisschen zu bewegen, nehme ich das Springseil, springe und mache ein paar leichte Dehnübungen. Ich vergesse nicht, alle Viertelstunde etwas zu trinken.
Ich halte das Fernglas für die Wandbesichtigung bereit, ebenso wie Papier und Bleistift, um alles zu notieren, sobald ich in die Isolationszone zurückkehre. Im schlimmsten Fall bleiben mir zwei Stunden, um mich vorzubereiten und aufzuwärmen.
Auf dem Weg zur Wandbesichtigung betrachte ich die Gestaltung der Durchgangszone. Sobald ich die Wand im Blick habe, konzentriere ich mich nur noch darauf. Ich darf nichts und niemanden sonst beachten, denn die Zeit der Routeninspektion ist knapp bemessen. Die Gesamtform der Wand sowie ihre farbliche Gestaltung interessieren mich nicht. Entscheidend ist auf jeden Fall, dass ich die Route durchklettere!
Ich werfe einen Blick auf die Linie der eingehängten Expressschlingen, um den Routenverlauf zu sehen. Ich suche die ersten Griffe und beginne die Route in aufsteigender Richtung zu inspizieren. Beim Einhängen der Sicherungen ist Vorsicht geboten, weil ich genau wissen muss, mit welcher Hand ich das Seil in den Karabiner einhänge und welche Körperposition dabei den geringsten Kraftaufwand erfordert. Ich kombiniere alle auszuführenden Bewegungen und präge mir vor allem alle Griffe und Tritte sowie deren Lage und Form ein. Das Wichtigste ist, sich so viel wie möglich zu merken. Ich lasse mir kein Detail der Wand entgehen. Das Fernglas hilft mir, diese Details zu erkennen. Während der Wandbesichtigung lasse ich mich weder durch Fragen noch durch sonstige Störungen ablenken.
Zurückgekehrt in die Isolationszone, zeichne ich die Kletterroute mit all ihren Griffen und Tritten in das mitgebrachte Heft. Zusätzlich markiere ich diejenigen Griffe und Tritte, die ich verwenden will, ebenso wie die Sicherungspunkte. Nur mit David spreche ich mich noch kurz über etwaige Besonderheiten ab. Ansonsten frage ich niemanden, welches Kletterkonzept er sich zurechtlegt. Das ist mir egal. Nur Informationen über die Route interessieren mich.
Ich stelle mir meine Kletterroute vor und gehe sie in Gedanken immer wieder durch, bis ich mich mit ihr vertraut gemacht habe. Wenn notwendig, setze ich mir den Walkman auf, um mich vor dem Lärm der anderen abzuschirmen.
Ich beginne, mich routinemäßig und gründlich aufzuwärmen. Wenn ich mit dem Klettern an der Reihe bin, überstürze ich nichts. Ich gehe nach meinem Rhythmus vor. Eine Stunde genügt, um mich aufzuwärmen. Danach ruhe ich aus und esse eine Kleinigkeit. Ich halte mich mit Dehnungsübungen warm und vergesse nicht, ab und zu die Route noch einmal in Gedanken durchzugehen.
Alle halbe Stunde gehe ich zur Ausgangstür, um zu sehen, in welchem Abstand die Kletterer starten. So weiß ich genau, wie viel Zeit mir noch bleibt.
Wenn noch drei oder vier Kletterer vor mir starten, ziehe ich mir den Gurt und den Magnesiabeutel an und packe meine Sachen ein, wobei ich Schuhe und Wasser bereitstelle. Ich halte mich bereits in der Nähe der Tür auf, wo ich warte, bis ich aufgerufen werde. Meine Gedanken sind nur noch beim Klettern. Wenn mich etwas ablenkt, durchdenke ich die letzten Etappen der Route.
Ich betrete die Durchgangszone und seile mich sofort an. Ich setze mich und ziehe mir die Schuhe an. Ich bleibe sitzen, während ich mir die Route vorstelle und darauf

warte, dass ich aufgerufen werde. Keine Dehnungsübungen, keine überflüssigen Bewegungen und keine Fragen. Ich gehe immer wieder die Route durch, damit sie, wenn ich starte, schon nicht mehr wirklich *on-sight* ist, da ich sie in Gedanken bereits mehrmals durchklettert habe.
Wenn ich aufgerufen werde, gehe ich rasch zur Wand und bleibe einige Meter davor stehen, um noch einige Sekunden einen Blick auf die Wand zu werfen und mir meine Bewegungsvorstellungen bestätigen zu lassen. Sollte mir etwas noch nicht klar sein, so ist das in der jetzigen Situation nicht mehr wichtig. Vielleicht ergibt sich die Möglichkeit bei der ersten Rastposition, darüber nachzudenken.
Ich beginne zu klettern und kann das von mir erstellte Bewegungsprogramm direkt umsetzen. Ich spüre die Freude an der Anstrengung und konzentriere mich ganz auf meine Bewegungen. Ich werde stark sein, meine Arme werden mir gehorchen. Sooft es möglich ist, werde ich mich entspannen. Sobald ich eine klare Bewegungsvorstellung von dem folgenden Kletterabschnitt habe, klettere ich möglichst zügig. Aber ich will auch nichts überstürzen, jeder Fuß muss exakt platziert und jede Bewegung präzise ausgeführt werden. Ich klettere hoch mit dem Bewusstsein, dass dies das einzige Mal sein wird, dass ich diese Route klettern kann, und ich werde ohne das Gefühl, alles gegeben zu haben, nicht loslassen.
Nachdem ich die Route beendet habe, werde ich abgelassen. Sobald ich auf dem Boden stehe, binde ich mich aus und bedanke mich beim Sicherungsmann. Ich sammle meine Sachen ein und gehe. Während ich meine Schuhe aus- und mich umziehe, gehe ich noch einmal geistig die Kletterroute durch. Ich stelle mir vor, wie ich vorgegangen bin und welche Fehler ich dabei gemacht habe. Diese Fehler versuche ich zu analysieren und zu verbessern. Bei der Fehleranalyse helfen mir zudem die Kommentare von Kollegen. Bald erfahre ich das vorläufige Ergebnis.
Jetzt fällt auch langsam die Anspannung ab. Lockerungsübungen und eine Kleinigkeit zu essen und zu trinken helfen mir, mich schneller von der Anstrengung zu erholen.

Die Darstellung dieses Handlungsplans verdeutlicht noch einmal die wesentlichen Punkte des strategisch-taktischen Verhaltens. Selbstverständlich muss der Handlungsplan an die Gegebenheiten und die jeweilige Zielsetzung angepasst werden. Daher ist es erforderlich, sich genau mit den Fakten auseinander zu setzen.
Wenn an einer Stelle improvisiert und nach neuen Lösungen gesucht werden muss, so ist damit immer eine Modifikation des Handlungsplans verbunden. Eine ganz freie Improvisation führt in den meisten Fällen direkt zum Misserfolg.

Methoden zum Training des strategisch-taktischen Verhaltens

Ein optimales taktisches Handeln beruht zum einen auf umfangreichen kletterspezifischen Erfahrungen und zum anderen auf einer gut ausgebildeten Handlungsantizipation. Somit muss das Training des strategisch-taktischen Verhaltens auf die Verbesserung dieser zwei Komponenten abzielen. Konkreter ausgedrückt bedeutet dies, dass

1. Kenntnisse über die Bedeutung von situativen Merkmalen vermittelt werden müssen

2. Handlungsalternativen in konkreten Entscheidungssituationen erlernt werden müssen
3. die Fähigkeit, die eigene Leistungsfähigkeit richtig einschätzen zu können, trainiert werden muss.

Die Ziele des Strategie- und Taktiktrainings müssen somit auf Folgendes ausgerichtet sein:

1. Die Ausbildung strategisch-taktischer Kenntnisse.
   Hier geht es vor allem darum, Wissen über die Möglichkeiten und Ereignisfolgen in den so genannten Standardsituationen zu erwerben. Eine Standardsituation beim Klettern ist das Einhängen des Seils in den Karabiner des Sicherungshakens. Die richtige Auswahl der Einhängeposition ist entscheidend darüber, ob beim Einhängevorgang übermäßig viel Kraft aufgewendet werden muss. Zu den typischen taktischen Fehlern zählt, wenn zu früh, d. h. in überstreckter Körperstellung, vielleicht noch von einem kleinen Griff aus, der Haken eingehängt wird.
2. Die Schulung der Wahrnehmungsfähigkeit im Hinblick auf kletterspezifische Wahrnehmungsinhalte.
   Diese beziehen sich hauptsächlich auf verwendbare Griff- und Trittangebote. Ergänzend sollte hier auch die ganzheitliche und punktuelle Wahrnehmung entwickelt werden. Gerade beim Klettern ist die Verbindung dieser zwei Wahrnehmungsaspekte entscheidend. Die ganzheitliche Wahrnehmung bezieht sich auf die Wahrnehmung der gesamten Kletterroute (Verlauf, Absicherung etc.), während die punktuelle Wahrnehmung z. B. auf die gezielte Trittauswahl abzielt. Beide Wahrnehmungsaspekte sind miteinander verflochten.
3. Erarbeitung von Entscheidungsschritten.
   Hierfür ist das bewusste Entscheiden Voraussetzung. Dabei sind einzelne Handlungsalternativen situationsspezifisch zu erarbeiten und müssen als Möglichkeiten bewusst und abrufbar geschult werden. Entscheidend für einen erfolgreichen Lernprozess ist, dass der Kletterer wahrgenommene Informationen situationsspezifisch mit einem taktischen Handeln in Verbindung bringen kann. Beispiel hierfür wäre die wahrgenommene Information »großer Griff einen halben Meter über dem Sicherungshaken«. Die taktische Handlung, die sich aus dieser Information ergeben sollte, ist: der Haken wird überklettert und dann erst eingehängt.
   Nur durch die wiederholte Auseinandersetzung mit Problemsituationen, für die der Kletterer eine oder mehrere Lösungsmöglichkeiten erarbeitet, erhält er ein breites und abwechslungsreiches Repertoire an Handlungsmöglichkeiten. Sie sollten so weit automatisiert werden, dass im Notfall rasch darauf zurückgegriffen werden kann.
4. Anleitung zur Selbstkontrolle.
   Grundlegend für ein situationsadäquates Handeln ist die Selbstkontrolle. Nur so ist der Kletterer fähig, Fehlentscheidungen zu erkennen und zu akzeptieren und dann in vergleichbaren Situationen mit einem anderen Verhalten zu reagieren.

Da beim Klettern der Zeitfaktor im Entscheidungsprozess eine nicht unerhebliche Rolle spielt, muss beim Kletterer die Fähigkeit entwickelt werden, Entscheidungen in Kürze zu treffen. Anfänglich dauert der Entscheidungsprozess länger, sollte aber im Laufe der Zeit so verkürzt werden, dass korrekte Entscheidungen dann auch unter großem Zeitdruck gefällt werden können.

4 Psychologisches Training

Mancher Kletterer hat schon mal das Gefühl erlebt, wirklich perfekt geklettert zu sein. Die Bewegungen sind fließend ineinander gelaufen, viel besser als gewöhnlich. Er hat erlebt, wie er ganz in der Betätigung aufging, Bewegungen spielend ausführte, sich voll konzentrierte und das Gefühl der absoluten Kontrolle hatte. Er hat dabei ein einzigartiges Erlebnis gehabt.
Im Gegensatz dazu kennt er ebenso das Gefühl, eine Route schlecht geklettert zu sein, auch wenn er dabei nicht unbedingt gestürzt ist. Er war während des Kletterns sehr angespannt, die Bewegungen waren hastig ausgeführt, er war unkonzentriert und konnte sich nicht positiv motivieren.
Die Beispiele sollen verdeutlichen, dass eine optimale genauso wie eine schlechte Kletterleistung das Resultat von physischen und psychischen Faktoren ist. Dieses Kapitel beschreibt das Zusammenwirken von Geist und Körper im Hinblick auf eine Leistungssteigerung.

»Ich fühlte mich, als könnte ich einfach alles erreichen, als hätte ich alles unter Kontrolle. Ich fühlte mich richtig zuversichtlich und positiv.
Ich fühlte mich körperlich sehr entspannt, aber voller Energie. Ich war völlig frei von Ängsten und Befürchtungen. Im Gegenteil, alles machte Spaß. Ich fühlte mich innerlich wirklich ganz still und ruhig, und alles schien ganz automatisch zu laufen ...
Obwohl ich mich sehr anstrengen musste, spürte ich die Anstrengung nicht.«

Kommentare eines Olympiasiegers nach seinem Erfolg

Beim Erlernen und Optimieren von Fertigkeiten sind – egal, ob es sich dabei um grundlegende wie das Laufen oder um komplexe wie ein Sprung an ein Einfingerloch handelt – immer motorische und kognitive (geistige) Fähigkeiten beteiligt.
Einige Spitzensportler haben nach dem Gewinn eines Wettkampfes bestätigt, dass neben einer guten körperlichen Fitness der Unterschied zwischen Gewinnen und Verlieren zu einem hohen Prozentsatz im psychischen Bereich zu suchen ist.
Zahlreiche Studien sind ebenfalls zu dem Schluss gekommen, dass es ein geeignetes psychisches Befinden zum Erbringen optimaler Leistungen gibt. Nachdem sich dieser Zustand identifizieren und analysieren lässt, kann durch geeignete Trainingsprogramme die Psyche beeinflusst werden.

Festsetzen von Zielen für die Spitzenleistung

Unter den vielen Strategien, die Leistung durch Veränderung der psychischen Komponenten zu erreichen, hat sich die »Methode der Zielsetzung« als höchst effizient erwiesen.

Sich Ziele setzen bedeutet im Sport, innerhalb einer definierten Zeitspanne bestimmte Veränderungen zu erreichen. Die Ziele können dabei völlig unterschiedlich definiert sein. Zudem können auch gleichzeitig mehrere Ziele in unterschiedlichen Bereichen definiert werden. So kann sich ein Kletterer z. B. das Ziel stecken, in einem Monat vier Kilo abzunehmen und gleichzeitig die Maximalkraft der Oberarmmuskulatur so weit zu steigern, dass er problemlos einarmig fixieren kann.

Bei der »Methode der Zielsetzung« handelt es sich um ein Verfahren, dass von Psychologen und Trainern immer häufiger angewandt wird. Neuste Forschungen auf diesem Gebiet haben gezeigt, dass das Definieren und Festsetzen von Zielen die sportliche Leistung verbessern kann. Wenn sich der Sportler (manchmal sogar schriftlich!) vornimmt, bestimmte Ziele zu erreichen, so kann dies als Folge eines gesteigerten Selbstvertrauens oder einer besseren Motivation auch zu positiven Änderungen in anderen Bereichen (z. B. in der Bewegungstechnik) führen.

Das ist zum Beispiel der Fall bei einer Seilschaft, die einen Big Wall bewältigen will, der sowohl von der Freikletterschwierigkeit wie auch von der technischen Schwierigkeit sehr anspruchsvoll ist. Sie steckt sich das Ziel, die Route in weniger als zehn Stunden zu klettern und nur die allernötigsten Haken mitzunehmen. Eine erste Zielsetzung ist vorab definiert. Nachdem sie sich bei anderen Kletterern über die Route informiert hat, berechnet sie, um Gewicht zu sparen, genau das Material, das benötigt wird. Es wird eingeteilt, wer welche Seillänge vorsteigt, und man informiert sich über Einstieg, Abseilpiste und Rückzugsmöglichkeiten aus der Wand. Man berechnet die maximale durchschnittliche Kletterzeit für jede Seillänge und legt eine Strategie für Essens- und Schlafpausen fest. Nach dem Festlegen der konkreten Zielvorgaben wird dann hoch motiviert die Organisation der Klettertour in Angriff genommen.

Leitlinien zur Festsetzung von Zielen

Es ist jedoch ein Trugschluss, wenn man meint, dass jegliche Art von Zielsetzung zur Verbesserung der Kletterleistung führe. Im Folgenden werden für die Interessierten an diesem Verfahren einige nützliche Leitlinien aufgezeigt.

- Spezifische, explizite und messbare Ziele sind wirksamer zum Erreichen einer Verhaltensänderung beim Kletterer als ganz allgemeine, nicht ausformulierte und nicht messbare Ziele. So ist die Zieldefinition *»Ich muss meine Muskelkraft verstärken«* weniger wirksam als *»In einem Monat muss ich in der Lage sein, einen einarmigen Klimmzug auszuführen«.*
- Die Ziele müssen schwierig sein, um den Kletterer vor ein Problem zu stellen und so seine Motivation zu erhöhen. Sie müssen aber gleichzeitig realistisch sein, dürfen also die Fähigkeiten des Sportlers nicht übersteigen, da sie sonst nur zu Frustration führen.
- Die kurzfristigen Ziele sind wirksamer als die langfristigen, da hier die Ergebnisse schneller erreicht werden können.

- Es ist besser, sich Ziele bezüglich der Ausführung zu stecken (zum Beispiel, beim nächsten Mal mehr Informationen bei der Wandbesichtigung zu sammeln) als Ziele bezüglich des Ergebnisses (zum Beispiel das Gewinnen eines Wettkampfes oder das Besiegen eines Gegners).
- Positive Ziele sind besser als negative. Es ist besser, sich vorzunehmen, **flüssiger zu klettern,** als, **sich bei den Rastplätzen nicht so lange aufzuhalten**.
- Für das Erreichen eines Ziels sollte ein Datum festgelegt werden.
- Ein weitverbreiteter Fehler, der gemacht wird, wenn man zum ersten Mal mit dem System der Zielsetzung arbeitet, ist, dass zu viele Ziele gleichzeitig gesetzt werden.

  Mitunter werden mehr als fünf Ziele gleichzeitig angestrebt. Das kann zu negativen Ergebnissen führen. Man sollte sich lieber auf das Erreichen von ein oder zwei Zielen konzentrieren.

Die Ziele müssen:

- spezifisch und messbar
- schwer erreichbar, aber realistisch
- zeitlich begrenzt
- positiv formuliert
- von geringer Zahl sein

Schematische Zusammenfassung der Merkmale, die beim Festsetzen von Zielen beachtet werden sollten

Aufbau des Selbstvertrauens

Beim Klettern, wie auch bei den meisten anderen Sportarten, lässt sich ein direkter Zusammenhang zwischen Selbstvertrauen und sportlichem Erfolg feststellen. Das Selbstvertrauen beim Klettern ist eine psychische Fähigkeit, die sich über viele Jahre hinweg entwickelt hat und das Ergebnis von vielen Erfolgserlebnissen und positivem Denken ist. Ganz zweifellos schätzen zuversichtliche Kletterer sich, das Klettermaterial, die Umgebung und ihre Klettergefährten anders ein, als diejenigen, denen es an Selbstvertrauen fehlt. Während des Kletterns führt der Kletterer oft Selbstgespräche, deren er sich anschließend gar nicht mehr bewusst ist. Diese Gedanken können jedoch die Gefühle des Kletterers direkt beeinflussen und sich dadurch auf seine Kletteraktionen auswirken.
Ein negativer Gedanke (zum Beispiel: *Die nächste Seillänge, die ich vorsteige, ist die Schlüsselseillänge und zudem die am schlechtesten abgesicherte, ich werde bestimmt stürzen*) führt zu negativen Gefühlen und möglicherweise zu einer fehlerhaften Ausführung. Eine Seilschaft, deren Teilnehmer zuversichtlich sind, weiß zum Beispiel, dass sie zu vielem fähig ist. Die Mitglieder geben sich nie geschlagen. Wenn sie an einem Tag eine Route wegen schlechten Wetters aufgeben müssen, planen sie gleich den nächsten Versuch. Immer stellen sie sich vor, wie sie die Schwierigkeiten einer Wand überwinden können. Sie sagen sich gegenseitig positive Dinge und schmälern nie ihre Fähigkeiten. Jeder von ihnen versucht, sein Bestes zu geben. Der Einzelne vertraut auf sich selbst und auf seinen Gefährten. Sie sind aber auch realistisch. Sie kennen ihre Grenzen, und auch das gibt ihnen Selbstvertrauen.

Folge des Einflusses negativer Gedanken

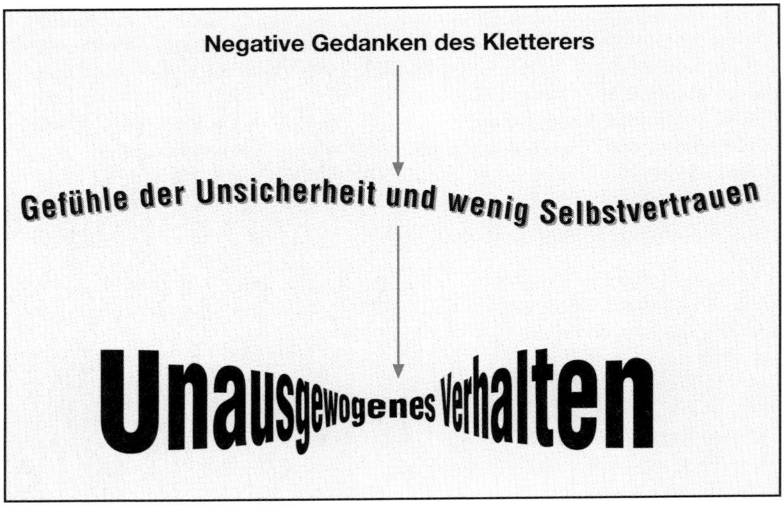

Es ist sehr wichtig, dass die Kletterer verstehen, auf welche Weise sie ihre Gedanken, ihre Gefühle und Handlungen beeinflussen können. Mit entsprechendem Training lernt der Kletterer, seine Gedanken zu lenken. Er kann die Technik der Selbstanleitung erlernen, um daraus einen positiven Nutzen für seinen Sport zu ziehen. Beispielsweise kann er lernen, frustrierende Gedanken durch positive zu ersetzen.

Selbstanleitung oder innerer Dialog

Bei den meisten Gedanken, die während einer Klettertour auftauchen, findet im Kletterer ein innerer Dialog statt. Dieser kann dazu genutzt werden, die Kletterleistung zu unterstützen. Bei Kletteranfängern beschränkt sich der innere Dialog auf Selbstanweisungen zur Technikausführung. Man hört dann Sätze wie: *»Jetzt muss ich das Seil aushängen«,* oder: *»Muss ich den Klemmkeil zum Aushängen nach oben oder unten ziehen?«.*

Bei fortgeschrittenen Kletterern konzentriert sich der innere Dialog vor allem auf taktische Aspekte oder auf Gefühle. Hier finden sich Formulierungen wie: *»Ich müsste jetzt eine Sicherung anbringen«,* oder: *»Los, gleich ist es geschafft!«.*

Erfahrene Kletterer geben sich oft selbst technische Befehle, wenn sie eine eingefahrene Gewohnheit ändern möchten. Diese Selbstanweisung kann ein wirksames Mittel zur »Deautomatisation« von alten technischen Mängeln sein.

Die Selbstanleitung, wie wir im Abschnitt der Techniken zum Konzentrationstraining sehen werden, kann dem Kletterer dabei helfen, seine Aufmerksamkeitsleistung zu erhöhen. Oft verfügen Kletterer über »Schlüsselwörter«, deren Nennung wichtige Verhaltensänderungen auslöst. Bei der Bewältigung einer Schlüsselstelle kann der Ausruf *»Los jetzt!«, »Geht schon«* oder *»Gib alles!«* so ein Schlüsselbefehl sein.

Manchmal kann die Selbstanleitung auch ganz klar dazu dienen, das Selbstvertrauen aufzubauen. Das trifft zum Beispiel auf den Kletterer zu, der sich vor Beginn des Aufstiegs vorsagt: *»Du bist in Form«*, oder: *»Los, du bist viel besser geworden«*.

Beim Klettern ergeben sich viele Situationen, in denen ein innerer Dialog stattfinden kann

Übergang vom negativen zum positiven Denken

Wenn in einem Kletterer negative Gedanken aufsteigen, sollten diese nicht nur vertrieben werden, sondern sogar durch positive ersetzt werden. Ein erfahrener Sportler verfügt über Automatismen, mit deren Hilfe er eine negative Einstellung in eine positive verändern kann. Zudem tauchen die meisten negativen Gedanken auf, wenn der Kletterer sich in einer Stresssituation befindet. Sie beginnen zum Beispiel, wenn der Kletterer spürt, dass seine Kraftreserven zu Ende gehen. Dann kommen ihm Gedanken wie: *Gleich falle ich und schlage da unten auf dem Vorsprung auf,* oder: *Wenn ich jetzt stürze, war die weite Fahrt zum Wettkampf völlig umsonst.*

Im Folgenden werden einige Beispiele dafür gezeigt, wie negatives durch positives Denken und frustrierendes durch motivierendes Denken ersetzt werden kann.

- Man kann denken: Jetzt fängt es auch noch an zu regnen. Der Fels wird rutschig, und ich kann nicht mehr auf den Tritten stehen. Schei...
  Denke lieber: Keinem macht es Spaß, im Regen zu klettern, aber wenn ich oben bin, freue ich mich.
- Man kann denken: So hoch im Felsen zu hängen ist nichts für mich. Ich habe mich in der Sportart geirrt.
  Denke lieber: Das wird besser, wenn ich trainiere. Viele Könner hatten am Anfang auch Probleme.
- Man kann denken: Ich bin müde, und diese letzten schweren Abschnitte haben mir gerade noch gefehlt. Ich bin nervös. Bestimmt verkrampfe ich mich und stürze.
  Denke lieber: Mir schlägt das Herz bis zum Hals. Das ist ideal. Ich habe schon oft das Gleiche erlebt und es geschafft. Ich werde jetzt ganz tief durchatmen, mich entspannen und vollkommen konzentrieren.

Beispiel, wie eine negative Einstellung durch eine positive zu ersetzen ist

EINSTELLUNG:	
negativ (zu vermeiden)	**positiv (erwünscht)**
Es regnet ...: Gleich rutsche ich ab!	Bei Regen ist es immer ungemütlich. Ich muss besonders gut aufpassen.
Was für ein Aufstieg! Dieser Sport ist nichts für mich.	Ich muss trainieren und besser werden. Alle haben mal klein angefangen.
Müde, nervös und schwere Route: Gleich falle ich.	Ich gebe alles, wie andere Male auch. Das schaffe ich!
Es ist spät, gleich wird es dunkel, und es ist noch weit.	Ich habe nur noch wenig Zeit, aber wenn ich schnell klettere, schaffe ich es noch.
Übernimm du auf dieser Seillänge den Vorstieg. Ein andermal bin ich dran.	Beim nächsten Mal wird es einfacher, wenn ich jetzt den schwersten Teil übernehme.

- Man kann denken: Es ist schon sehr spät. Bestimmt geraten wir in die Nacht hinein, und es fehlen noch zwei Seillängen bis zum Gipfel.
  Denke lieber: Die Zeit wird knapp. Los, wenn wir schnell klettern, haben wir noch genug Licht für die letzte Seillänge.
- Man kann denken: Ich habe keine Kraft mehr in den Händen. Sie öffnen sich. Ich werde mich an einer Sicherung festhalten, jetzt, wo mein Partner mich nicht sehen kann.
  Denke lieber: Los, streng dich an, diesen Kletterzug schaffst du noch frei.
- Man kann denken: Ich bitte meinen Partner, die Schlüsselseillänge vorzusteigen. Ich kann das auch ein andermal machen.
  Denke lieber: Beim nächsten Mal wird es mir leichter fallen, wenn ich jetzt das Schwierigste übernehme.

Der Sportler, der mit dieser Technik der Einstellungsveränderung arbeitet, muss oft hinterfragen, ob bestimmte Gedanken für ihn wirklich nützlich und motivierend sind. Mit der Zeit gelingt es ihm dann unbewusst, die Gedanken, die ihm die Ausführung erschweren, von sich fern zu halten.

Kontrolle der Aufmerksamkeit und der Konzentration

Eng verwandt mit dem inneren Dialog, der im vorigen Abschnitt beschrieben wurde, ist die Konzentrationsfähigkeit. Die Konzentration ist zweifellos einer der wichtigsten Punkte für effiziente Handlungen im Sport. Ihre Hauptkomponente ist die Fähigkeit, die ganze Aufmerksamkeit auf die auszuführende Tätigkeit zu richten und sich nicht von irrelevanten inneren oder äußeren Reizen ablenken zu lassen.
Die äußeren ablenkenden Reize sind Umweltfaktoren wie zum Beispiel die Anwesenheit von Zuschauern, der Lärm anderer Kletterer, Zurufe vom Sichernden, Musik, vorbeifahrende Fahrzeuge usw. Die inneren ablenkenden Reize sind körper-

liche Gefühle wie Müdigkeit, Kälte, schmerzende Füße usw., aber auch Gedanken wie: »Das Auto muss zum TÜV«, »Wenn ich in der Prüfung von gestern durchgefallen bin, kann ich den Kletterurlaub im Verdon nicht machen«.

Bei vielen Sportarten wird versucht, diese Reize systematisch zu kontrollieren: Das Publikum beim Tennis weiß, dass der Spieler Ruhe braucht, um sich zu konzentrieren, und die Zuschauer beim Basketball pfeifen, um einen Spieler beim Freiwurf zu einem Fehler zu verleiten. Beim Wettkampfklettern sind diese Mechanismen auch bekannt, werden aber nicht unbedingt überall beachtet, wenn z. B. das Wettkampfpublikum den Kletterer durch Klatschen dazu verleitet weiterzuklettern, statt sich am Ruhepunkt ausreichend zu erholen.

Versucht der Kletterer sich zu konzentrieren, ohne dabei erprobte Verfahren anzuwenden, so kann dies dazu führen, dass er nur noch umso mehr abgelenkt wird.

Der Sichernde sollte auch konzentriert arbeiten!

Daher muss die Konzentrationsfähigkeit bis zur Automatisation erlernt werden, damit sie weitgehend unbewusst abläuft. Sich konzentrieren zu können bedeutet, fähig zu sein, die Aufmerksamkeit bewusst und über einen längeren Zeitraum, ggf. unter erhöhter Anstrengung, gezielt ausrichten zu können. Da die Konzentration vor allem in der Wettkampfsituation eine herausragende Bedeutung für die sportliche Leistung hat, muss die Konzentrationsfähigkeit so trainiert werden, dass sie in der Stresssituation des Wettkampfs und unter psychophysischer Ermüdung nicht zu stark nachlässt. Vor allem kann erlernt werden, sich nicht durch irrelevante Reize ablenken zu lassen und bewusst die Aufmerksamkeit relevanten Reizen zukommen zu lassen. Ein Kletterer kann zwar über eine gute Konzentrationsfähigkeit verfügen, aber nicht in der Lage sein, seine Aufmerksamkeit auf die wirklich relevanten Reizkonstellationen zu richten.

Typen der Aufmerksamkeitslenkung

Weit-extern:	Weit-intern:
Dient zum raschen Auswerten einer Situation. Beispiel: Ist nötig, wenn z. B. der Gesamtverlauf der Kletterroute erfasst werden soll oder die momentane Wetterlage einzuschätzen ist.	Dient zur Analyse und Planung. Beispiel: Schaffen einer Bewegungsvorstellung, oder das Rekapitulieren des Routenverlaufs.
Eng-extern:	**Eng-intern:**
Dient dazu, sich auf wenige selektierte Signale zu konzentrieren. Beispiel: Suche nach dem nächsten Haltegriff, oder bei der Vorbereitung zum Abseilen.	Dient dazu, eine Situation geistig durchzugehen. Beispiel: Bewusste Wahrnehmung kinästhetischer Informationen, z. B. Ausführungsgeschwindigkeit beim Dynamo, oder Wahrnehmung des Gleichgewichtszustands.

Deshalb ist es wichtig, nicht nur Methoden zur Verbesserung der Konzentrationsleistung zu erlernen, sondern gerade auch die gezielte Aufmerksamkeitslenkung zu trainieren. Das Fokussieren der Aufmerksamkeit kann sich auf innere oder äußere Gegebenheiten beziehen. Die Konzentration der Aufmerksamkeit auf innere Faktoren bezieht sich dabei auf die Gefühls- und Gedankenwelt des Kletterers. Eine Fokussierung auf äußere Faktoren beinhaltet u. a. den Routenverlauf, Griff- und Trittangebot, Reaktionen des Kletterpartners bzw. Sichernden. Dabei darf die Wechselbeziehung, die zwischen den inneren und äußeren Faktoren besteht, nicht übersehen werden.
Je nach Situation variiert die Weite der Aufmerksamkeitsfokussierung, so dass einmal mehr, ein andermal weniger Elemente mit eingeschlossen werden.

Training zur Kontrolle der externen Faktoren

Der Kletterer muss erlernen, irrelevante äußere Reize zu ignorieren. Dies schafft er dadurch, dass im Training künstliche, aber realitätsnahe Situationen geschaffen werden. Da bekannt ist, dass die Konzentration der Aufmerksamkeit nachlässt, je intensiver und zahlreicher neue externe Reize sind, so müssen vor allem in der Stresssituation des Wettkampfs diese neuen Reize minimiert werden. Zu solch negativen externen Reizen kann z. B. auch schon eine neue Trainingskleidung oder neues Klettermaterial zählen. Allein die Tatsache, dass die Ausrüstung neu und unbenutzt ist, kann sich negativ auf die Kletterleistung auswirken.
Beim Wettkampf können Publikumslärm, Musikbegleitung oder Lautsprecherdurchsagen als neue externe Reize leistungsmindernd wirken. Beim Klettern am Fels stören dagegen meist Kommentare, Witze, die gemacht werden, oder die Musik aus dem mitgebrachten Ghettoblaster die Konzentrationsfähigkeit. Beachtet man diese Kenntnisse, so kann sich die Verwendung von unterschiedlicher Trainingskleidung und Kletterutensilien als ratsam erweisen. Wenn andererseits der Kletterer nur mit einer bestimmten Ausrüstung seine maximale Leistung erreicht, so sollte er soweit möglich mit dieser Ausrüstung trainieren.
Ein Kletterer, der eine Wettkampfteilnahme plant, sollte im Training auch mal mit Geräuschkulisse trainieren, um sich so an diese spezielle Wettkampfsituation zu

gewöhnen. Diese Vorgehensweise trägt dazu bei, dass Interferenzeffekte (negative Übertragungen), hervorgerufen durch den plötzlichen neuen Reiz, reduziert werden.
Falls der Kletterer über genügend situationsspezifische Erfahrung verfügt, kann eine wiederholte geistige Vorstellung der Situation schon ausreichend sein, die Konzentrationsleistung in der speziellen Situation zu verbessern. Verfügt z. B. ein Kletterer über genügend Erfahrung aus Wettkämpfen, so ist ihm der dort herrschende Geräuschpegel nicht unbekannt. Durch das Hineinversetzen in die Wettkampfsituation kann er lernen, mit diesem Störfaktor umzugehen, und somit dessen negativen Einfluss auf die Kletterleistung reduzieren.
Auch das mentale Üben einer Kletterroute zielt mit darauf ab, die Konzentrationsleistung zu verbessern. Während ein Kletterer versucht, die Seillänge, die er gerade geklettert hat, nochmals im Geist durchzugehen, wird er durch seinen Partner abgelenkt. Anschließend muss der Kletterer selbst sein Konzentrationsniveau (z. B. zwischen 0 und 6) bewerten. Verschiedene Erfahrungen zeigen, dass sich schon nach einem kurzen Trainingsprozess diese subjektive Bewertung erhöht.

Training zur Kontrolle der internen Faktoren

Beim Klettern führen Angst und Zweifel oft zu Konzentrationsschwächen. Der negative Effekt der internen Reize verstärkt sich in der Regel in Stresssituationen. Eine typische Stresssitation ist gegeben, wenn die letzte Sicherung schon mehrere Meter unter den Füßen und gleichzeitig der nächste Sicherungspunkt noch in weiter Ferne ist. Jetzt entsteht eine Art Teufelskreis, da die Angst vor einem Sturz die Konzentrationsfähigkeit beeinträchtigt und somit das Sturzrisiko erhöht wird. Dies wiederum steigert das Angstgefühl.
Ein ähnlicher Mechanismus läuft ab, wenn der Kletterer merkt, dass er am Ende seiner Kräfte ist, und das Gefühl hat, dass sich die Finger öffnen. Ist er in dieser Situation in der Lage, sich weiter auf eine sparsame Einteilung seiner Kräfte zu konzentrieren, technisch sauber zu klettern, sich zu entspannen etc., so kann er den erwarteten Sturz doch noch vermeiden. Gelingt ihm dies nicht und beschäftigt er sich schon geistig mit dem Sturz, so verkrampfen seine Muskeln, und der Sturz ist unausweichlich.

Alles, was die Leistung beeinflusst, muss bereits beim Training verwendet werden, vor allem die persönliche Ausrüstung.

Um die dargestellten Mechanismen zu trainieren, sollte der Kletterer sich laufend Selbstbefehle über die folgenden Handlungsschritte geben. Damit erreicht er, dass seine Handlungen ihm bewusst und zu einem automatisierten Handlungsschema werden. In Stresssituationen kann er dann auf dieses automatisierte Verhalten zurückgreifen.

Auch wenn dieses Vorgehen sich in jeder Situation anders gestaltet, soll folgendes Beispiel die theoretischen Ausführungen nochmals verdeutlichen: »Mit der rechten Hand greife ich nach dem ersten Griff. Mit beiden Füßen steige ich auf einen kleinen Vorsprung und ziehe mich seitlich hoch. Das Seil hänge ich mit der linken Hand ein ...«

Falls der Kletterer einen Fehler gemacht hat, sollte er die Bewegungsaktionen sofort wiederholen, um sie dann korrekt auszuführen. Unabhängig davon, ob eine sofortige Wiederholung möglich ist oder nicht, sollte der Kletterer nie das fehlerhafte Verhalten betonen, sondern sich mit der korrekten Lösung auseinander setzen. Damit wird verhindert, dass sich falsche Bewegungsaktionen zu stark einprägen. Hier können Trainer oder Kameraden, die diese Zusammenhänge kennen, mithelfen, Verhaltensänderung zu erreichen.

Die Verbesserungen müssen unmittelbar auf den Fehler folgen.

Die kognitive Auseinandersetzung mit einer Kletterroute sollte zur täglichen Routineübung werden. Der Kletterer stellt sich dabei über mehrere Minuten eine konkrete Bewegungsabfolge vor. Lässt er sich dabei ablenken, wird die Übung abgebrochen und nach einer kurzen Konzentrationsphase neu begonnen.

Der Kletterer muss bestimmte Rituale mit seinem idealen Leistungszustand verknüpfen, so dass diese mit der Zeit automatisch zur Fokussierung der Konzentration führen. Beim Training müssen wiederholbare Verhaltensmechanismen erarbeitet werden, und zwar sowohl für das Aufwärmen als auch für die Routenrealisation. Diese sind individuell zu gestalten und zudem immer in ihrer Anwendung der momentanen Situation anzupassen.

Entspannungstechniken

Wenn ein Kletterer Angst verspürt, kann das zu einer neuromuskulären Überaktivierung und damit zu übermäßig starker Muskelanspannung führen. Die Muskelspannung, die so entscheidend für die Motorik ist, ist erhöht und verhindert somit

die korrekte Bewegungsausführung, da zudem die notwendigen Impulse zur Bewegungsregulierung teilweise gehemmt werden.
Die Entspannungstechniken helfen mit, in einem gewissen Rahmen selbst die Muskelspannung regulieren zu können. Allerdings müssen diese Entspannungstechniken wie alles regelmäßig trainiert werden. Meist sind beim Anfänger nach einigen Wochen Übung schon beachtliche Fortschritte erkennbar. Aber auch hier sind deutliche individuelle Unterschiede in den Lernfortschritten zu verzeichnen.

Entspannung durch Atemtechnik

Übungen

Beim Erlernen dieser Techniken muss sich der Kletterer in einer bequemen Lage und einer ruhigen und angenehmen Umgebung befinden.
Die Atemübungen sind eine wirksame Form der Entspannung. Außerdem fördert richtiges Atmen die Leistung, da dem Blut mehr Sauerstoff zugeführt wird. Es muss tief und langsam geatmet werden. Beim Klettern sollte in Augenblicken größter Beanspruchung tief durchgeatmet werden. Es muss vom Zwerchfell aus eingeatmet werden, wobei dieses nach unten gedrückt wird. So drückt sich der Bauch nach außen, und es entsteht ein Vakuum in der Lunge. Zum Durchführen eines tiefen Atemzugs muss man sich vorstellen, dass die Lunge dreigeteilt ist. Zunächst richtet sich die Konzentration darauf, den unteren Teil mit Luft zu füllen. Anschließend füllt sich der mittlere Teil und erweitert die Brusthöhle, und zuletzt füllt sich der obere Teil der Lunge, wobei sich die Brust leicht hebt. Das Ausatmen findet in umgekehrter Reihenfolge statt.
Nach Erlernen dieser Technik muss der Kletterer sie weiterhin mehrmals täglich üben.

Entspannung durch Kontraktion und Dekontraktion

Übungen

Hierbei handelt es sich um eine Reihe von Übungen, die darin bestehen, eine bestimmte Gruppe von Muskeln zu kontrahieren, einige Sekunden angespannt zu halten und dann zu entspannen. Es werden verschiedene Muskelgruppen abwechselnd kontrahiert. Kontraktion und Dekontraktion bewirken, dass man sowohl Anspannung wie Entspannung bewusst wahrzunehmen lernt. Bis das Ziel der Entspannung erreicht ist, ist ein 20- bis 30-minütiges Training notwendig.
Die zu befolgenden Anweisungen können vom Band gesprochen oder direkt vom Trainer gegeben werden. Entscheidend ist eine beruhigende Stimme und eine Pause von dreißig Sekunden zwischen den einzelnen Kontraktionen.
Man sollte sich einfach gehen lassen, damit der Entspannungsvorgang von selbst erfolgen kann. Er darf keinerlei Anstrengung erfordern.
Im Folgenden wird ein Beispiel für den Ablauf und die Anweisungen einer ganzen Sitzung gegeben.
»Nimm eine bequeme sitzende oder liegende Position ein. Versuche, dich von alleine zu entspannen. Schließe die Augen und atme so lang, langsam und tief durch die Nase

ein, wie du nur kannst. Atme dann langsam und vollständig aus, und spüre, wie die Spannung zusammen mit der Atemluft aus deinem Körper entweicht. *(Pause)* Entspanne dich so weit wie möglich, und höre auf das, was ich dir sage. Denke daran, dass du die Entspannung nicht erzwingen kannst, lasse sie einfach geschehen.
Fang an, die Hand des dominanten Arms so stark wie möglich umzubiegen, so, als wolltest du deinen Handrücken auf den Unterarm legen; halte diese Stellung fünf bis zehn Sekunden lang, und merke dir, wo du Spannung verspürt hast. Spüre den Unterschied zwischen Spannung und Entspannung. *(Zwanzig bis dreißig Sekunden Pause)* Spanne nochmals an *(fünf bis zehn Sekunden Pause),* und entspanne dich wieder. Lass die Entspannung einfach geschehen, strenge dich nicht an *(zwanzig bis dreißig Sekunden Pause).*
Wiederhole diese Übung mit dem anderen Arm. Biege die Hand so weit und so stark wie möglich um, spüre die Spannung ... und entspanne dich langsam, lass alle Spannung entweichen ... biege die Hand noch einmal um ... und entspanne dich; spüre den Unterschied zwischen Spannung und Entspannung.
Konzentriere dich wieder auf den dominanten Arm. Beuge den Ellbogen, und kontrahiere maximal fest den Bizeps ... lass ganz langsam los, und entspanne dich. Denke daran, dich ganz und gar anzuspannen und dann ganz und gar zu entspannen. Erfühle für jede Muskelgruppe den Unterschied im Spannungswechsel. Beuge noch einmal den Ellbogen, und kontrahiere den Bizeps ... und entspanne dich...
Beuge den Ellbogen des anderen Arms, und spanne den Bizeps an ... lass die Spannung langsam entweichen. Spüre, wie die Spannung langsam abnimmt, aber konzentriere dich gleichzeitig auf die noch vorhandene Spannung ... spanne erneut an ... und entspanne wieder ... genieße das immer stärker werdende Gefühl der Entspannung.
Hebe die ausgestreckten Arme in Vorhalte, so dass du die Spannung und die Belastung in beiden Armen spürst. Spanne den Trizepsmuskel an ... Halte diese Position einige Sekunden lang, anschließend entspanne die Arme völlig, und lass sie locker herunterhängen ... strecke sie erneut aus, halte ... und entspanne dich ... spüre den Spannungswechsel in den Arm- und Handmuskeln ... vielleicht kommt eine Welle der Entspannung, oder ein mäßiges Wärmegefühl. Spüre und genieße dieses Gefühl der Entspannung.
Runzle die Stirn, indem du die Augenbrauen hebst, spüre die Spannung auf der ganzen Stirn und der Kopfhaut *(nur drei bis fünf Sekunden lang halten)* ... und entspanne dich ... hebe und senke die Augenbrauen ... und entspanne dich. Werde die ganze Spannung los ... du musst spüren, wie die Stirn nachgibt.
Presse die Kiefer aufeinander, aber nicht so fest, dass es den Zähnen schadet. Spüre die Spannung in der Kiefer- und Wangenmuskulatur. Entspanne dich ...
Hebe die Zunge und drücke sie gegen den Gaumen. Spüre die Spannung in der Zunge und ihrer Umgebung. Entspanne dich ...
Drücke den Kopf nach hinten ... drehe ihn nach rechts ... drehe ihn nach links ... und richte ihn gerade. Entspanne dich; lass alle Spannung aus den Halsmuskeln und der Kopfhaut entweichen ... Wiederhole den Vorgang.
Neige den Kopf nach vorn, bis das Kinn gegen die Brust gedrückt wird. Spüre die Anspannung im Nacken und im Kiefer. Hebe den Kopf, und entspanne dich ... neige ihn noch einmal nach vorne ... und entspanne dich.

Hebe die Schultern bis zu den Ohren an, und halte sie oben. Spüre dieses vertraute Gefühl der Anspannung *(die meisten Kletterer heben die Schultern, wenn sie sehr stark angespannt sind).* Entspanne dich; lass die Schultern fallen ... Lass die ganze Spannung aus deinen Schultern und dem Hals entweichen ... hebe die Schultern erneut, halte sie ... lass die Spannung entweichen und entspanne dich. Lass die Schultern ganz nach unten fallen. Genieße das Gefühl der Gelöstheit und Entspannung...
Atme tief ein, und halte den Atem fünfzehn Sekunden lang an. Spüre die Spannung, die sich langsam im Brustkorb und im Schulterbereich aufbaut ... atme langsam und vollständig aus. Spüre das Gefühl der Entspannung, das sich beim Ausatmen einstellt ... atme noch einmal tief ein, halte den Atem an ... und atme aus ...
Spanne den Bauch an, als ob du einen Schlag erwartest, halte die Spannung und nimm sie bewusst wahr ... dann entspanne dich, so dass dein Bauch etwas herausgedrückt wird.
Spanne den unteren Teil des Rückens an, und bewerte die Spannung. Strenge dich nicht zu sehr an, vor allem, wenn du Rückenprobleme hast ... spüre die Spannung, und entspanne dich. Lass die ganze Spannung entweichen, lasse es einfach geschehen ...
Drücke die Gesäßbacken zusammen, als wolltest du diese Muskeln zerdrücken... entspanne dich ...
Richte deine Aufmerksamkeit auf dein rechtes Bein. Spanne die Muskeln des rechten Oberschenkels an. Versuche, die Spannung nur in den Schenkeln aufzubauen ... spüre das Gefühl, und entspanne dich ...
Richte deine Aufmerksamkeit auf deinen rechten Fuß. Ziehe die Zehenspitzen nach oben, als wolltest du damit dein Schienbein berühren. Spüre die Spannung in deinen Zehen, dem Knöchel, der Wade ... lass die Spannung entweichen; befreie dich von der noch vorhandenen Spannung ...
Konzentriere dich nun auf dein linkes Bein. Spanne nur den Oberschenkel an ... entspanne dich ...
Ziehe die Zehenspitzen nach oben, als wolltest du damit das Schienbein berühren... entspanne dich; lass alle Spannung aus Zehen, Fuß, Knöchel und Wade entweichen ...
Halte nun beide Oberschenkel so entspannt wie möglich, und kralle die Zehen so stark, als wolltest du sie in die Schuhsohle bohren. Entspanne dich ... kralle die Zehen erneut, und spüre die Spannung ... entspanne dich völlig ...
Entspanne nun alle Muskeln in deinem Körper, so dass sie erschlaffen. Atme langsam und tief durch. Lass die restliche Spannung aus deinem Körper entweichen. Untersuche deinen Körper nach Stellen, an denen noch Spannung vorhanden ist. Dort, wo du noch Spannung verspürst, spanne noch einmal an, und entspanne dich. Vielleicht spürst du ein Gefühl der Wärme und Schwere im ganzen Körper, so als wolltest du immer tiefer im Sessel oder im Boden versinken. Du kannst dich auch so leicht fühlen, als wärest du Luft, als schwebtest du auf einer Wolke. Egal, welche Gefühle du auch hast, lass ihnen freien Lauf ... genieße das Gefühl der Entspannung ...
Bevor du die Augen öffnest, atme tief ein, und spüre, wie Energie und Vitalität in deinen Körper zurückströmen. Wenn du möchtest, strecke Arme und Beine. Öffne erst die Augen, wenn du dazu bereit bist.«

Entspannung durch Vorstellungskraft

Übungen

Hier geht es darum, sich in einer bequemen Lage und ruhiger Umgebung eine angenehme Situation vorzustellen. Ein Kletterer kann sich zum Beispiel vorstellen, wie er am Strand liegt, die Sonne ihn wärmt und er dem ununterbrochenen Rauschen der sich brechenden Wellen zuhört. Ziel dieser Vorstellung ist es, Gefühle von Ruhe und Wohlbefinden hervorzurufen, damit der Sportler sich optimal entspannen kann.

Entspannung durch autogenes Training

Übungen

Dieses Training besteht in der Ausführung einer Reihe von Übungen, deren Ziel es ist, durch Selbsthypnose körperliche Gefühle wie Wärme und Schwere zu erzeugen. Die Aufmerksamkeit des Sportlers richtet sich dabei genau auf die Gefühle, die er erzeugen möchte. Bei dieser Methode unterscheidet man sechs Phasen der Entspannung. Normalerweise benötigt man mehrere Monate kontinuierlichen Übens, damit diese Technik richtig beherrscht wird. Da die einzelnen Phasen aufeinander aufbauen, darf eine neue Phase erst dann erlernt werden, wenn die vorausgehende beherrscht wird. Die einzelnen Schritte jeder Phase müssen drei- bis fünfmal pro Minute wiederholt werden. Nach einer kurzen Konzentrationspause werden die Ausführungsschritte wie beschrieben nochmals wiederholt. Insgesamt wird dieser Zyklus viermal in der jeder Übungseinheit wiederholt.
Die Phasen sind:

Phase 1: Schwere.
Mein rechter Arm ist schwer.
Mein linker Arm ist schwer.
Beide Arme sind schwer.
Mein rechtes Bein ist schwer.
Mein linkes Bein ist schwer.
Beide Beine sind schwer.
Meine Arme und Beine sind schwer.

Phase 2: Wärme
Anleitungen in derselben Form wie in Phase 1.

Phase 3: Herzschlag.
Mein Herz schlägt gleichmäßig und ruhig.

Phase 4: Atmung.
Ich atme langsam, ruhig und entspannt.
(Dabei muss geatmet werden.)

Phase 5: Wärme des Solarplexus.
Mein Solarplexus ist warm (Hand liegt auf dem Oberbauch).

Phase 6: Kühle Stirn.
Meine Stirn ist kühl.

Für ein sinnvolles Training empfiehlt es sich, regelmäßig drei- bis viermal täglich mehrere Minuten lang zu üben. Es kann aber bis zu zwei Monaten dauern, bis die Spannung bewusst kontrolliert werden kann.

Die Vorstellungskraft (mentales Training)

Das Trainieren der Vorstellungskraft als psychologisches Werkzeug zur Unterstützung der sportlichen Leistung ist aus dem heutigen Leistungssport nicht mehr wegzudenken.
Mancher Leser wird sich jetzt die Frage stellen, wie sich letztendlich über Vorstellungsprozesse die physische Leistungsfähigkeit und damit die Kletterleistung steigern lässt. Die Sportpsychologen liefern einige theoretischen Erklärungen zur Begründung dieses Phänomens.
Eine Theorie besagt, dass bei der geistigen Vorstellung der Bewegung die Muskulatur über Mikroinnervationen in derselben Weise wie beim realen Bewegungsvollzug innerviert wird. Da diese Mikroinnervationen unterschwellig sind und somit kein Aktionspotenzial an der Muskelzelle auslösen, ist äußerlich keine Kontraktion der Muskulatur sichtbar. Es gibt wissenschaftliche Untersuchungen, die belegen, dass allein die Vorstellung, den Ellbogen zu beugen, zur Kontraktion der Ellbogengelenkbeugemuskulatur führt. Übertragen auf das Klettern, bedeutet dies, dass der Kletterer sich die Bewegung möglichst real vorstellen muss, damit die nötigen und richtigen Mikroinnervationen in der an der Bewegung beteiligten Muskulatur hervorgerufen werden.
So kann der Kletterer also durch das systematische Sichvorstellen von technischen Bewegungsabläufen diese üben und den Automatisationsgrad verbessern.
Neben den wissenschaftlichen Untersuchungsergebnissen bestätigen auch die praktischen Erfahrungen den positiven Einfluss des mentalen Trainings auf die sportliche Leistung. Aussagen von Wettkampfkletterern gehen in die Richtung, dass sie davon überzeugt sind, dass das wiederholte mentale Klettern der Wettkampfroute während der Wartezeit in der Isolationszone ihnen die Route so vertraut gemacht habe, als ob sie sie schon einmal geklettert wären.
Mit entscheidend für den Erfolg dieses Verfahrens ist der Glaube des Kletterers an seine Wirksamkeit. Allerdings muss man doch so realistisch bleiben und klar sagen, dass der Erfolg allein über ein mentales Training sicher nicht garantiert ist.

Das mentale Training eignet sich zum Einsatz in verschiedenen Bereichen:
- *Erlernen von Klettertechniken.* Es wird verwendet, um eine bessere Kontrolle und Genauigkeit in der Bewegungsausführung (z. B. bei Dynamos, Sprüngen) zu erreichen.
- *Entscheidungsfindung.* Hier wird durch die Vorstellung ein Üben von Strategien ermöglicht, da Aktionen in konkreten Handlungssituationen vorweggenommen, geistig durchgeführt und bewertet werden können.
- *Wahrnehmung der Bewegung.* Durch ein systematisches mentales Training ist der Kletterer zu einer bewussteren Informationsaufnahme fähig. Gleichzeitig wird damit auch eine innere Rückmeldung erreicht. Somit kann das mentale Training

dazu beitragen, dass z. B. die Wahrnehmung von Gleichgewicht, Muskelermüdung, Größe und Form der Griffe usw. verbessert wird.

- *Kontrolle der psychischen Fähigkeiten.* Viele psychische Fähigkeiten lassen sich über das mentale Training verbessern. Ein Beispiel wäre der Einfluss auf emotionale Reaktionen, wie die Überwindung von Ängsten durch das systematische Sichvorstellen von Situationen. Aber auch positive Wirkung auf die Konzentration oder die Selbstbewertung ist anzuführen.
- *Wiederherstellung nach einer Verletzung.* Der verletzte Kletterer, der zum Beispiel dem Training seiner Gefährten oder bei einem Wettkampf zuschaut, kann sich vorstellen, wie er alle Bewegungen ausführen würde. Nach seiner Genesung müsste er die programmierten Vorstellungen nur noch in die Praxis umsetzen, d. h. die Route auch de facto klettern.

Vor allem in der Anfangsphase des Lernprozesses muss das mentale Training systematisch geübt und täglich trainiert werden. Der Zeitaufwand ist relativ gering (immer nur eine oder zwei Minuten am Stück und bis zu zehn Minuten über den Tag verteilt). Allerdings sollte man sich angewöhnen, direkt bevor man in die Route einsteigt, diese mental durchzugehen.

5 Training der motorischen Fertigkeiten

Die motorischen Fertigkeiten bilden die Grundvoraussetzung für die bewusste Ausführung motorischer Aufgaben. Als motorische Fertigkeiten bezeichnet man die körperlichen Voraussetzungen, die die Leistungsfähigkeit beeinflussen. Sie können in die konditionellen und die koordinativen Fähigkeiten unterteilt werden. Die konditionellen Fähigkeiten sind dabei mehr von den energetischen Prozessabläufen, die koordinativen hingegen von der Abläufen der Informationsprozesse abhängig.
Der Ausprägungsgrad und die Qualität der motorischen Fertigkeiten determinieren in hohem Maß den Verlauf motorischer Lernprozesse. Defizite im Bereich der Fähigkeiten wirken sich somit leistungshemmend aus. Gerade im Kindes- und Jugendalter werden die motorischen Fertigkeiten bei ausreichendem Bewegungsangebot geübt und verbessert. Im Erwachsenenalter sind die Fähigkeiten auch noch trainierbar, wobei jedoch gegenüber dem Entwicklungsalter meist ein deutlich höherer Zeitaufwand nötig ist, um geringfügige Effekte zu erreichen.

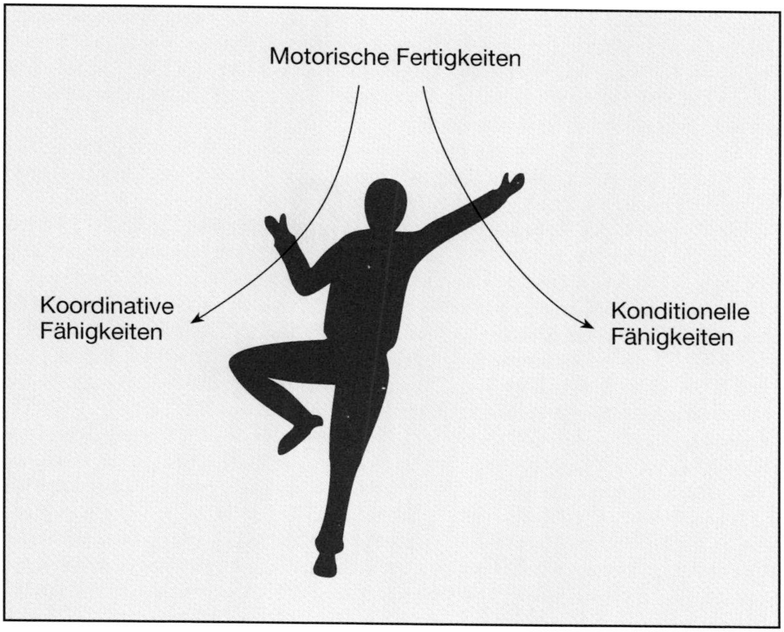

Die koordinativen und konditionellen Fähigkeiten bestimmen die motorischen Fertigkeiten.

Anatomische und physiologische Grundlagen

Mit Hilfe der Motorik ist der Kletterer (wie auch jeder Mensch) in der Lage, sich in der Umwelt zu bewegen. Möglich wird dies durch ein komplexes Netzwerk lebenswichtiger Körperfunktionen, wobei sog. Apparate und Systeme für jede dieser Funktionen verantwortlich sind. Die Atmung zum Beispiel erfolgt über den Atemapparat, der wiederum mit anderen Systemen (z. B. Herz-Kreislauf-System) in Verbindung steht.
Die Apparate und Systeme bestehen aus verschiedenen Organen, die ihre Funktion nur dann erfüllen können, wenn die Gesamtkoordination aller Organsysteme funktioniert. Die einzelnen Organe wiederum bestehen aus dem Zusammenschluss von gleichartigen, spezialisierten Zellen: Knochengewebe, Muskelgewebe, Nervengewebe usw.
Die Zelle ist die Grundeinheit aller Lebewesen und lässt sich mit einem autonomen Organismus vergleichen. Sie muss ernährt und mit Sauerstoff versorgt werden. Im menschlichen Körper übernimmt das Blut, neben anderen Funktionen, diese Transportfunktion von Nährstoffen und Sauerstoff.
Die Hauptfunktion des Blutkreislaufapparats ist also der Transport von Gasen, Nährstoffen und Stoffwechselabfallprodukten. Er besteht aus einem immensen Netz von Arterien, Kapillaren und Venen. Durch die Kontraktion des Herzens (Myokard) wird das Blut durch den Blutkreislauf gepumpt. Die Herz-Kreislauf-Leistung lässt sich durch ein aerobes Ausdauertraining steigern. Dadurch wird eine bessere Transportleistung erreicht. Das Kreislaufsystem arbeitet eng mit dem Atmungssystem zusammen.
Das Atmungssystem besteht aus Lungen, Bronchien, Luftröhre, Kehlkopf, Rachen und Nasenhöhlen. Seine wichtigste Aufgabe ist, alle Gewebe mit Sauerstoff zu versorgen und das Kohlendioxid, das am Ende der aerob ablaufenden Energiebereitstellungsprozesse anfällt, auszuscheiden.
Der Bewegungsapparat ermöglicht die Bewegung. Man unterscheidet einen passiven (Knochensystem, Bänder, Knorpel etc.) und einen aktiven (Muskelsystem) Bewegungsapparat.
Zu den Aufgaben des Knochensystems zählen der Schutz von Organen vor Verletzungen, die Bewegungs- und Stützfunktion sowie teilweise die Produktion roter Blutkörperchen. Die einzelnen Knochen sind über Gelenke miteinander verbunden. Dies ermöglicht die Gegeneinanderbewegung der Knochen. Hinsichtlich der Bewegungsmöglichkeiten unterscheidet man Translations- und Rotationsbewegungen, Abduktions- und Adduktionsbewegungen. Die Gesamtheit der Knochen bildet das Skelett, wobei in einen axialen Teil (Schädel, Wirbelsäule und Brustkorb) und in den Teil der unteren und oberen Extremitäten unterschieden werden kann.
Die Bewegung an sich wird durch die Kontraktionen der Muskeln ermöglicht. Dieser Kontraktionsvorgang benötigt Energie, wobei chemische Energie in mechanische Energie (Spannungsenergie) umgewandelt wird. Das gesamte Muskelgewebe des menschlichen Organismus lässt sich in drei Typen unterteilen: die glatte Muskulatur, die Herzmuskulatur und die Skelettmuskulatur, die auch als quer gestreifte Muskulatur bezeichnet wird. Das glatte Gewebe und das Herzgewebe sind hoch spezialisiert für lebenswichtige Funktionen wie die Verdauung bzw. die Herzkontraktion. Diese läuft im Wesentlichen unwillkürlich (nicht bewusst gesteuert) ab. Die

Kontraktion des Skelettmuskels hingegen lässt sich auch willkürlich (bewusst) erreichen. Voraussetzung für die Kontraktion ist ein überschwelliger Reiz (Impuls) bzw. eine Reizserie aus dem zentralen Nervensystem. Trifft dieser Reiz ein und löst er ein Aktionspotenzial aus, so verkürzen sich alle Muskelfasern, die von dem motorischen Nerv, der erregt ist, versorgt werden. Betrachtet man einen Muskel unter dem Mikroskop, so erkennt man verschiedene strukturelle Einheiten bzw. Untereinheiten. Man sieht, dass sich der Muskel aus zahlreichen Muskelfasern (Myofibrillen) zusammensetzt. Diese wiederum bestehen aus Myofilamenten, den Aktin- und Myosinfilamenten, als kleinste strukturelle Einheiten. Sie realisieren letztendlich den Kontraktionsvorgang. Die kleinste kontraktile Einheit bezeichnet man als Sarkomer. Bei der Kontraktion verkürzt sich das Sarkomer dadurch, dass die Aktin- und Myosinfilamente ineinander gleiten. Jede Muskelfaser besteht aus einer Vielzahl in Reihe angeordneter Sarkomere. Die Gesamtverkürzung des Muskels resultiert somit aus der Summe der einzelnen Sarkomerverkürzungen. Bei maximaler Kontraktion des Muskels kann sich der Muskel um ca. 50% verkürzen.

Bei jeder Bewegung sind in der Regel mehrere Muskeln aktiv. Die Muskeln, die die Hauptfunktion bei der Bewegungsrealisierung haben, nennt man die Agonisten, die Gegenspieler dazu die Antagonisten. Bei der Beugung im Ellbogengelenk sind die Muskeln Musculus biceps brachii, Musculus brachioradialis und Musculus brachialis die Agonisten, während der Musculus triceps in seiner Funktion als Ellbogengelenkstrecker der Antagonist ist. Da der Antagonist in entgegengesetzter Richtung wirkt, sollte er im Augenblick der Bewegung möglichst nicht aktiv sein, da er sonst die Bewegung behindert (bremst). Bei vielen Bewegungen ist jedoch eine geringfügige und optimal koordinierte Aktivität des Antagonisten sinnvoll und erwünscht, da damit das an der Bewegung beteiligte Gelenk stabilisiert wird.

Dieses koordinierte Zusammenspiel zwischen Agonisten und Antagonisten bezeichnet man als intermuskuläre Koordination. Für eine Verbesserung der sportlichen Leistung ist eine gute intermuskuläre Koordination erforderlich, das heißt, das zentrale Nervensystem muss die Anweisungen zur Kontraktion der Muskulatur im richtigen Moment und in der richtigen Intensität geben. Durch Üben bzw. Trainieren einer Bewegung wird das wohl dosierte Zusammenspiel der Muskeln im Rahmen der intermuskulären Koordination verbessert.

Unter intramuskulärer Koordination versteht man die Rekrutierung und Frequenzierung der Fasern eines Muskels. Die Rekrutierung gibt dabei an, wie viele Muskelfasern überhaupt aktiviert werden, die Frequenzierung hingegen die Höhe der Reizfrequenz. Bei großen Kraftleistungen wird ab ca. 80% der Maximalkraft schon eine totale Rekrutierung erreicht, das heißt, alle ansteuerbaren Muskelfasern sind in die Kraftentwicklung involviert. Eine weitere Kraftsteigerung ist dann nur noch über die Steigerung der Frequenzierung möglich. Soll die Maximalkraft erreicht werden, wie dies für einen maximal schweren Einzelzug nötig ist, so muss eine synchrone (gleichzeitige) Aktivierung aller Muskelfasern in den an der Bewegung beteiligten Muskeln erfolgen. Eine Verbesserung der intramuskulären Koordination zeigt sich in der Kraftzunahme. Die höhere Kraft resultiert dabei auf der optimalen Nutzung des eigentlich schon vorhandenen muskulären Kraftpotenzials. Durch geeignete Krafttrainingsmethoden kann gezielt die intramuskuläre Koordination verbessert werden.

Durch die Kontraktion des Muskels wird eine Spannung erzeugt, durch die ein äußerer Widerstand überwunden (= konzentrisch), gehalten (= isometrisch) oder ihm entgegenwirkt (= exzentrisch) wird. Wird eine Bewegung erreicht, so spricht man von einer dynamischen Arbeitsweise der Muskulatur. Verrichtet die Muskulatur Haltearbeit, so bezeichnet man dies als statische Arbeitsweise. Bei der dynamisch konzentrischen Arbeitsweise nähern sich Muskelansatz und -ursprung an. Bei der dynamisch exzentrischen Arbeitsweise entfernen sich Muskelansatz und -ursprung. Bei der statischen Arbeitsweise ist keine Gelenkbewegung sichtbar.
Innerhalb einer Bewegung weisen zum einen die verschiedenen daran beteiligten Muskeln unterschiedliche Arbeitsweisen auf, zum anderen können bei einem Muskel die Arbeitsweisen wechseln. Betrachtet man bei der Klimmzugbewegung die Beugemuskulatur des Ellbogengelenks, so arbeitet diese während des Hochziehens konzentrisch, beim Halten im Beugehang isometrisch und beim Absenken exzentrisch. Die Fingerbeuge- und Handbeugemuskulatur wird hingegen nur isometrisch belastet.
Beim Klettern arbeiten die Finger-, die Handbeuge- und die Fußgelenkstreckmuskulatur überwiegend isometrisch. Der von der Finger- und Handmuskulatur aufzubringende Krafteinsatz wird hauptsächlich vom Verhältnis der Griffgröße zur Wandneigung bestimmt. Für die Muskulatur der Oberarme, des Schultergürtels, die oberen Partien der Rumpfmuskulatur sowie die Beinstreckmuskulatur liegen dynamisch konzentrische Kontraktionen dann vor, wenn sich der Kletterer nach oben bewegt, wie es z. B. beim Weitergreifen zum nächsthöheren Griff der Fall ist. Dynamisch exzentrische Kontraktionen treten fast immer beim Abklettern auf oder beim Abfangen eines dynamisch angekletterten Griffes. In den Blockierstellungen hingegen wird die Muskulatur isometrisch belastet. Die Rumpfmuskulatur als Stabilisator des labilen Systems »Kletterer« arbeitet überwiegend isometrisch.
Zusammenfassend lässt sich sagen, dass beim Klettern überwiegend dynamisch konzentrische mit isometrischen Kontraktionen kombiniert werden. Bei isometrischer Muskelarbeitsweise werden schon bei relativ geringem Krafteinsatz (ab ca. 30% der Maximalkraft) durch den steigenden Muskelinnendruck die Kapillargefäße abgequetscht. Somit wird die Durchblutung der Muskulatur verhindert. Dies führt dazu, dass weder Sauerstoff an die Muskelzelle hin- noch Stoffwechselzwischenprodukte wie Laktat abtransportiert werden können. Bei dynamischer Muskelarbeitsweise tritt die Unterbrechung der Blutzufuhr auch auf, allerdings erst bei wesentlich höherem Krafteinsatz (ab ca. 70% der Maximalkraft). Bei hohem Krafteinsatz (über 70% der Maximalkraft) reicht selbst bei dynamischer Arbeitsweise die kurze Entspannungsphase (z. B. beim Weitergreifen) nicht mehr aus, um eine ausreichende Blutversorgung sicherzustellen. Man spricht dann von anaeroben Stoffwechselverhältnissen.
Die Gelenke werden durch die Muskeln, die Gelenkkapsel und die Bänder stabilisiert. Gerade beim Klettern werden die kleinen Bänder der Fingergelenke übermäßigen Beanspruchungen ausgesetzt. Da es sich bei den Bänder um wenig bis gar nicht durchblutetes Gewebe handelt, sollte eine Überbelastung (meist in Form einer Überdehnung) möglichst vermieden werden. Werden Bänder überdehnt, so ist diese Verletzung vollständig auszuheilen, da das durch die Verletzung entstandene Narbengewebe die Bandstruktur schwächt.

Der Bandapparat, die Gelenkstruktur und die Muskulatur sind die wesentlichen limitierenden Größen der Beweglichkeit. Dies muss beachtet werden, wenn es darum geht, maximale Gelenkreichweiten zu erreichen (Öffnen der Beine, Überkreuzen der Arme, Eindrehen des Knies usw.).
Die Muskeln sind über die Sehnen mit dem Knochenskelett verbunden. Die Sehnen bestehen aus kollagenen Fasern (mit ähnlichen Eigenschaften wie die Bänder), sind aber nahezu permanent einer Zugspannung ausgesetzt (das heißt jedes Mal, wenn sich der Muskel zusammenzieht). Die Sehnenscheiden, vergleichbar mit Kabeln, in denen die Sehne verläuft, schützen die Sehne vor Reibung an Knochenvorsprüngen. Eine Verletzung im Sehnengewebe ist nicht nur schmerzhaft, sondern führt auch zu Entzündungen, die leicht benachbarte Gebiete in Mitleidenschaft ziehen können. Beim geringsten Schmerz sollte sofort behandelt und die Verletzung auskuriert werden.
Die Haut des Kletterers ist der Rezeptor, mit dem wesentliche Informationen über die Griffgröße, Griffstruktur etc. erfasst werden. Bei übermäßigem Fels- oder Wandkontakt wird die Haut abgeschürft und verletzt. Eigentlich hat die Haut als Membrane, die die gesamte Körperoberfläche umhüllt, eine Schutzfunktion gegen äußere Einflüsse. Zu ihren Eigenschaften zählen die Wasserundurchlässigkeit, die Elastizität und Widerstandsfähigkeit sowie die Regulation der Körperwärme (Thermoregulation). Hinzu kommt die Fähigkeit, bestimmte Stoffe aufzunehmen bzw. auszuscheiden. Mit dem Schweiß werden z. B. Wasser, Mineralsalze und andere Produkte abgesondert.
Der Anstieg der Körpertemperatur auf ca. 39 °C ist notwendig, damit die biochemischen Prozesse optimal schnell ablaufen. Die weitere Zunahme der Körpertemperatur wirkt sich dagegen wieder leistungsverschlechternd aus. Bei körperlicher Arbeit entsteht Schweiß, der an der Hautoberfläche verdampft und somit zur Kühlung beiträgt. Eine negative Begleiterscheinung des Schwitzens ist die Reduzierung der Haftreibung der Haut. Da beim Klettern die Haftreibung zwischen der Haut der Hände und dem Gestein mit entscheidend ist, ob ein Griff gehalten werden kann oder nicht, wird von den Kletterern Magnesiumcarbonat als Trocknungsmittel für die Hände verwendet. In manchen Klettergebieten wird mit Pof (Produkt aus Kiefernharz) als Haftverstärker gearbeitet. Dieses Mittel konnte sich aber nicht generell durchsetzen.
Die äußerste Hautschicht, die Epidermis, erneuert sich ständig, indem sie sich unmerklich in der Geschwindigkeit abschuppt, in der auch neue Zellen gebildet werden. Der Abschuppungsprozess verläuft langsamer, wenn die Haut ständiger Druck- oder Reibungsbelastung ausgesetzt wird. Sie verdickt sich dann, um einen besseren Schutz zu bieten. Diese Art physiologischer Panzer (die Hornhaut) ist weniger elastisch und neigt daher zur Schrundenbildung (schmerzhafte Einrisse). Wichtig ist, dass der Haut, damit sie elastisch bleibt, genügend Feuchtigkeit (eincremen) zukommt. Eine gesunde Ernährung unterstützt den Prozess. Im Extremfall, z. B. bei Hand- oder Fingerrissen, ist die Haut mit Tapeverbänden zu schützen.
Unter der Epidermis liegt die Dermis, das Organ für die Wahrnehmung von Berührung, Druck und Temperatur. Alle diese Wahrnehmungen sind erschwert, je dicker die Epidermis ist. Der Gefühlsverlust kann dazu führen, dass zum Halten eines Griffes mehr Kraft aufgewendet wird, als eigentlich notwendig ist, was eine stärkere Ermüdung zur Folge hat. So ist beim Klettern immer abzuwägen zwischen dem Schutz der Haut und dem daraus resultierenden Verlust der Sensitivität.

Die Kletterschuhe haben neben der Schutzfunktion auch die Funktion, den Fuß zu stabilisieren. Dadurch können Tritte besser belastet und letztendlich kleinere Tritte genutzt werden. Ein zu dicker und steifer Kletterschuh kann allerdings die Leistung beeinträchtigen, weshalb auch hier zwischen Stabilität und Flexibilität abgewägt werden muss. An dieser Stelle sei angemerkt, dass gegen die Tendenz der letzten Jahre, Schuhwerk mit umgebogenen Zehen zu verwenden, in denen die Füße stark zusammendrückt werden (theoretisch, um eine Stabilität zu erzielen, die sonst nur über eine große Kraftanstrengung in den kleinen Fußmuskeln möglich wäre), kritische Stimmen laut werden, weil solche Schuhe irreversible Knochen- und Gelenkverformungen bewirken.

Die konditionellen Fähigkeiten

Die konditionellen Fähigkeiten sind diejenigen physischen Fähigkeiten, die durch energetische und morphologische Faktoren bestimmt werden. Entscheidend sind daher vor allem die energieliefernden Systeme. Zu den konditionellen Fähigkeiten werden Kraft, Ausdauer, Schnelligkeit und Beweglichkeit gezählt. Für das Klettern sind hauptsächlich die Kraftfähigkeiten und die Beweglichkeit leistungsrelevant.
In Verbindung mit der Kletterbewegung unterscheidet man verschiedene Beanspruchungstypen:

- Die *Boulderbewegung*, isoliert, hart und schwierig, ist im Grunde eine Bewegung, die im individuellen Grenzbereich des Kletterers liegt. Sie verlangt dem Kletterer alles ab, was er in physischer und technischer Hinsicht geben kann. Es handelt sich um eine maximale Anstrengung, die eine entsprechende Ruhepause benötigt, bevor eine Wiederholung dieser Belastung möglich ist.
- Das *Kraftausdauerklettern* umfasst eine Abfolge von Bewegungen, wobei jede Einzelbewegung für sich gesehen keine Höchstleistung erfordert. Erst die Summe dieser Einzelbewegungen führt wegen des hohen Krafteinsatzes dazu, dass die Unterarmmuskulatur so übersäuert (»dicker Arm«) und nicht mehr weitergeklettert werden kann.
- Das *Ausdauerkraftklettern* kann über längere Strecken (evtl. mehrere Seillängen) praktiziert werden, weil der erforderliche Krafteinsatz großteils durch den aeroben Stoffwechsel gedeckt wird. Umfangreiche Ruhepausen nach solchen Belastungen sind daher nicht notwendig.

Das folgende Schaubild fasst dies zusammen:

Vereinfachte Übersicht über auftretende Kraftbelastungen beim Klettern

TERMINOLOGISCHE ENTSPRECHUNGEN		
Art der Kletterbelastung	Physische Eigenschaft	Energiebereitstellung
Bouldern	Maximalkraft/Explosivkraft	anaerob-alaktazid
Kraftausdauerklettern	Kraftausdauer	anaerob-laktazid
Ausdauerkraftklettern	Ausdauer	aerob/anaerob

Betrachten wir nun im Einzelnen die Eigenschaften jedes der beteiligten Energiebereitstellungssysteme.

Anaerob-alaktazide Energiebereitstellung

Die Muskelkontraktion benötigt Energie, die sie aus der Spaltung von ATP (Adenosintriphosphat) zu ADP (Adenosindiphosphat) und einem Phosphatrest gewinnt. Bei im Sekundenbereich liegenden Belastungen verwendet die Muskelzelle direkt in der Muskelzelle gespeichertes ATP. Dieses ATP-Depot ist äußerst gering und muss permanent durch Resynthese (Wiederaufbau) des ATP erneuert werden.
Zusätzlich verfügen die Muskelzelle über Kreatinphosphat(KP)-Reserven, die eine schnelle ATP-Resynthese ermöglichen. Hierzu wird vom KP der Phosphatteil abgespalten und an das ADP angelagert. Dadurch entsteht wieder ATP. Auch der KP-Speicher ist äußerst begrenzt und steht als Energielieferant maximal ca. 20 Sekunden zur Verfügung. Da die oben dargestellten Prozesse keinen Sauerstoff benötigen und zudem kein Laktat produziert wird, bezeichnet man sie als anaerob alaktazide Energiebereitstellung.
Diese Art der Energiebereitstellung wird beschritten, wenn maximale Kraft- bzw. Schnelligkeitsabforderungen gegeben sind. Eine Boulderbewegung beim Klettern liegt in diesem Intensitätsbereich und läuft somit mit anaerob-alaktazider Energiebereitstellung ab. Die Resynthese des KP-Speichers benötigt mindestens 3–5 Minuten, so dass diese Pausenzeit zwischen den einzelnen Boulderversuchen einzuhalten ist.
Aus den physiologischen Gegebenheiten lässt sich als Konsequenz für das Krafttraining Folgendes festhalten:
Maximale Kraftbelastungen zielen auf die Verbesserung der intramuskulären Koordination ab. Hierbei steht neben der maximalen Frequenzierung und Rekrutierung auch die Synchronisierung der Muskelfasern im Vordergrund. Bei der Bewegung wird zusätzlich auch die intermuskuläre Koordination als optimales Zusammenspiel von Agonisten und Antagonisten innerhalb des Bewegungsablaufs geschult.
Submaximale Kraftbelastungen bis zur lokalen Muskelerschöpfung bewirken die Zunahme des Muskelvolumens. Durch die Muskelhypertrophie wird die Zunahme der Myofibrillen und somit die Zahl der Brückenbildungmöglichkeiten zwischen Aktin- und Myosinfilamenten erhöht. Daraus resultiert eine höhere Muskelspannung (Kraft). Für den Kletterer ist diese Art der Kraftsteigerung nur im begrenzten Maß sinnvoll, da die Zunahme des Muskelvolumens auch eine Zunahme des Körpergewichts bedeutet. Dies kann so weit führen, dass sich trotz Zunahme der absoluten Kraft die relative Kraft (= Kraft pro Kilogramm Körpergewicht) wieder verringert. Eine übertriebene Hypertrophie kann sich zudem auch negativ auf die Gelenkbeweglichkeit auswirken.
Beim Kletteranfänger sollte Kraft über die Zunahme der Muskelmasse gesteigert werden. Da bei dieser Art des Krafttrainings mit geringerer Intensität trainiert wird, werden somit die Gelenke weniger belastet. Im höheren Leistungsbereich wird die Kraftsteigerung vorrangig über eine verbesserte inter- und intramuskuläre Koordination erzielt.

Anaerob-laktazide Energiebereitstellung

Die Glykolyse läuft bei maximaler Belastung ziemlich trägheitslos (nach ca. 3 Sekunden) an. Dabei wird im Muskel gespeichertes Glykogen verstoffwechselt. Für diesen energieliefernden Vorgang wird kein Sauerstoff benötigt. Allerdings fällt dabei als Stoffwechselzwischenprodukt Laktat an. Mit zunehmender Belastungsdauer reichert sich das Laktat in der Muskelzelle an und führt dort zu einem Absinken des intrazellulären pH-Wertes. Verändert sich das intrazelluläre Millieu zu stark, so blockiert sich die Glykolyse von selbst. Dieser Mechanismus stellt eine Schutzfunktion dar, da eine zu starke Übersäuerung der Muskelzelle diese schädigt. Feststellen kann der Kletterer diesen Prozess dann, wenn die Unterarme immer »dicker« werden und er trotz maximaler Willensanstrengung die Griffe nicht mehr festhalten kann. Der Abbau der Milchsäure benötigt relativ viel Zeit; die Halbwertszeit liegt bei ca. 20 Minuten, eine vollständige Eliminierung dauert ca. 3 Stunden. Für die Praxis bedeutet dies, dass nach laktaziden Kletterbelastungen (z. B. 15 m Überhang) mindestens 30-45 Minuten Pause bis zum nächsten Versuch einzuplanen sind. Durch Training lässt sich vor allem die Laktattoleranz verbessern, d. h., trotz muskulärer Übersäuerung können Bewegungen noch koordinativ sauber ausgeführt werden.

Aerobe Energiebereitstellung

Für das Klettern hat die rein aerobe Energiebereitstellung kaum Bedeutung, da der aufzubringende Krafteinsatz in der Regel so hoch ist, dass überwiegend auf anaerobe Energiebereitstellung zurückgegriffen werden muss.
Der nachfolgend dargestellte Energiebereitstellungsprozess ist nur bei Alpinrouten wirklich bedeutend. Die Glykogenverbrennung kann auch auf aerobem Weg erfolgen. Dazu wird in der Glykolyse das Pyruvat nicht zu Laktat hydriert, sondern nach Umwandlung in Acetyl-Coenzym A in den Zitronensäurezyklus eingeschleust.

Energiebereitstellung	**Energiequelle**	**Belastungsdauer**	**Krafteinsatz in % der Maximalkraft**
Anaerob-alaktazid	Abbau der energiereichen Phosphatverbindungen (ATP + Kreatinphosphat) mit unbedeutender Laktatbildung	0–6 Sek.	95–100
	Zunahme der Laktatbildung	6–20 Sek.	90–95
Anaerob-laktazid	Glykolyse (anaerober Glykogenabbau) mit maximaler Laktatproduktion	20–90 Sek.	85–90
	anaerob/aerober Glykogenabbau	90 Sek. bis 3–4 Min.	80–85
Aerob	Oxydation von Glykogen	3–4 bis 20 Min.	50–80
	zunehmende Verstoffwechslung von Leberglykogen und Fetten	20 Min. bis 1 Std. oder mehr	< 50

Nach vielen Ab- und Umbauschritten entstehen in der Atmungskette als Endprodukte Kohlendioxid und Wasser. Bei lang anhaltenden Belastungen wird neben dem Muskelglykogen auch Glykogen aus der Leber verstoffwechselt.
Nimmt die Belastungsintensität weiter ab und die Belastungsdauer zu, so greift der Organismus auf die Fettverbrennung zurück. Diese erfolgt immer auf aerobem Weg. Der Vorteil der aeroben Energiebereitstellung liegt darin, dass über lange Zeit (Fettverbrennung nahezu unbegrenzt) Energie geliefert werden kann. Der Nachteil ist der geringere Energiefluss pro Zeiteinheit, so dass hier automatisch nur geringere Belastungsintensitäten aufrechterhalten werden können.

Trainingsmethoden für die konditionellen Fähigkeiten

Eine Trainingsmethode ist ein organisiertes Arbeitsverfahren, das dazu dient, den Trainingsprozess transparent zu machen. Dafür müssen die Inhalte, Mittel und Belastungen je nach den angestrebten Zielen festgelegt werden.

Die Trainingsbelastung

Die Trainingsbelastung ist die Gesamtheit der Reize, die auf den Körper über eine bestimmte Zeitdauer einwirken (zum Beispiel eine Trainingseinheit). Die Belastung setzt sich aus verschiedenen variablen Parametern zusammen, deren Kombination das Entwickeln der einzelnen Fähigkeiten ermöglicht: Intensität, Umfang, Dichte, Dauer (Wiederholungen), Übung. Durch Variation der einzelnen Parameter können unterschiedlich starke Belastungen (von gering bis maximal) erreicht werden.
Die Intensität ist ein Maß, das den Grad für jeden einzelnen Belastungsreiz angibt. Mögliche Messgrößen zur Bestimmung der Intensität sind die Fortbewegungsgeschwindigkeit, die Herzfrequenz pro Minute, der Blutlaktatwert. Bei Kraftbelastungen wird die Intensität in Bezug zur Maximalkraft oder zur Last der Einerwiederholung gesetzt. Beim Klettern orientiert man sich am Prozentsatz im Vergleich zur persönlichen Höchstleistung oder an der Bewertung der durchkletterten Route. Die Intensität der Belastung variiert bei den verschiedenen Trainingsmethoden, da sich nur so die gewünschten Fähigkeiten entwickeln lassen. Beim Klettern lässt sich die Intensität verändern, indem der Neigungsgrad der Wand, die Größe der Griffe, das verwendete Material usw. geändert werden oder mit Zusatzgewicht trainiert wird.
Der Belastungsumfang ist ein Maß für alle Belastungen, die in der Trainingseinheit absolviert wurden. Er kann angegeben werden in einer Zeit- oder Entfernungsgröße, in der Gesamtlast, die beim Krafttraining bewältigt wurde, aber auch in der Anzahl erfolgreicher Versuche (z. B. beim Bouldern). Die Dauer kann in Sekunden, Minuten, Stunden usw. angegeben werden. Die Entfernung wird in Metern oder Kilometern, Anzahl von Bewegungen zur Fortbewegung beim Klettern usw. gemessen.
Die Belastungsdichte drückt das Verhältnis zwischen der Belastungsdauer und der Pausendauer aus.
Die Belastungdauer bezieht sich im Gegensatz zum Belastungsumfang nicht auf die Trainingseinheit, sondern auf die einzelne Übungswiederholung. Werden z. B. bei

der Übung Klimmzüge 10 Wiederholungen absolviert, entsprechen diese 10 Wiederholungen der Belastungsdauer. Sie fasst man zu einer Serie zusammen, wenn anschließend noch mal dieselbe Übung wiederholt wird. Benötigt der Kletterer z. B. bei einem Versuch 3 Minuten für eine Route, so bezieht sich die Belastungsdauer auf die 3 Minuten.
Die Übung oder der Inhalt sind die Tätigkeiten, die ausgeführt werden, um das konkrete Trainingziel zu erreichen. Trainingsinhalte können dementsprechend Boulder, Kraftausdauerrouten, Klimmzüge, Blockierübungen, Beweglichkeitsübungen etc. sein.

Typologie der Methoden

Im Konditionstraining werden vier Grundtrainingsmethoden unterschieden: die Dauer-, die Intervall-, die Wiederholungs- und die Kontrollmethode.
Dauermethode: Sie beruht auf einem kontinuierlichen Belastungszreiz, der über relativ lange Zeit wirkt. Mit dieser Spezifizierung ist die Dauermethode nur für das Training der Ausdauer geeignet. Wird bei der Dauermethode die Belastungsintensität konstant gehalten, spricht man von der kontinuierlichen Dauermethode. Wechselt hingegen die Intensität, so nennt man sie variable Dauermethode.

Bei der Dauermethode (oben) wird die Übung ohne Unterbrechung ausgeführt. Bei der Intervallmethode und der Wiederholungsmethode (unten) wird die Belastung durch Pausen unterbrochen.

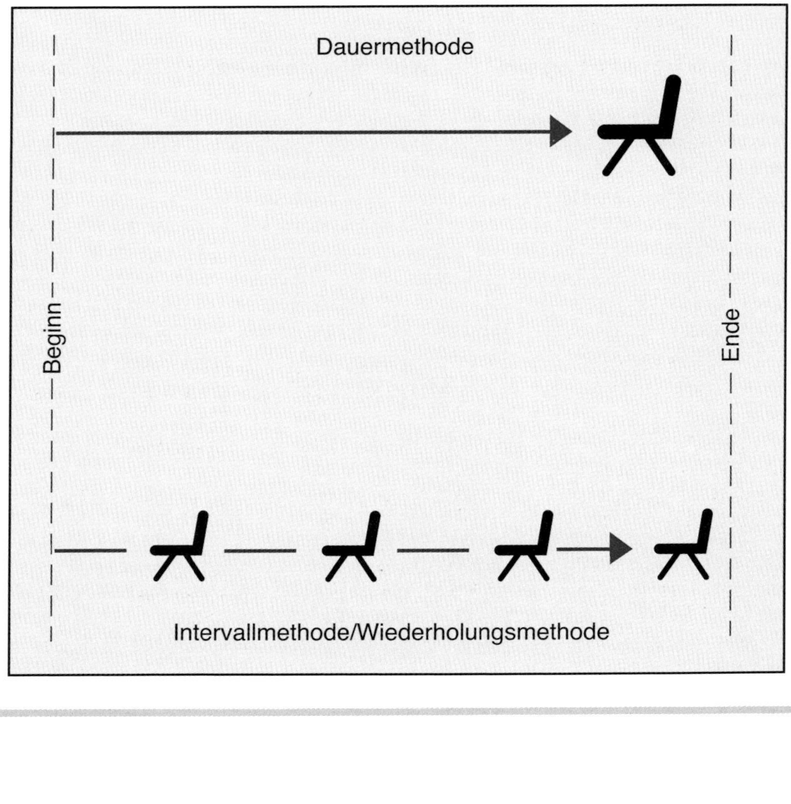

Intervallmethode: Sie ist gekennzeichnet durch den planvollen Wechsel von Belastung und Erholung, wobei die Erholungsphasen in Form einer lohnenden Pause (= unvollständige Erholung) durchgeführt werden.
Wiederholungsmethode: Sie wechselt auch systematisch zwischen Belastungs- und Erholungsphasen ab. Im Gegensatz zur Intervallmethode arbeitet die Wiederholungsmethode mit vollständigen Pausen. Gerade beim Krafttraining kommt diese Trainingsmethode überwiegend zur Anwendung.
Kontrollmethode: Man bezeichnet sie auch als Wettkampfmethode. Hier wird eine einmalige wettkampftypische Belastung durchgeführt, meist mit der Zielsetzung einer Leistungskontrolle.

Trainingssysteme

Jede der Methoden kann ihrerseits auf verschiedene Arten mit den Parametern kombiniert werden, welche die Belastung definieren. Diese Kombinationen werden als Trainingssysteme bezeichnet. Im Folgenden werden die wichtigsten Systeme zum Training der einzelnen konditionellen Fähigkeiten beschrieben.

Trainingssysteme zur Verbesserung des anaerob-alaktaziden Stoffwechsels

System: **Verbesserung der intramuskulären Koordination** (absolute Höchstbelastung).
Intensität: 97–100% der Maximalkraft.
Wiederholungen: 1–2.
Serien: 6–12.
Zeitliche Aufteilung: Pause zwischen Serien: 5 Minuten.
Ergebnis: Steigerung der Maximalkraft durch Verbesserung der intramuskulären Koordination.

System: **Isometrisches Training.**
Intensität: so hoch wie möglich.
Wiederholungen: 2–4, je 6 Sekunden.
Serien: 1 pro Muskelgruppe, wobei 5–10 Muskeln ausgewählt werden sollten; die ganze Übung wird bis zu 3-mal wiederholt, in unterschiedlichen Gelenkwinkelstellungen.
Zeitliche Aufteilung: Pause zwischen Wiederholungen: 5 Sekunden; Pause zwischen Serien: mindestens 30–180 Sekunden.
Ergebnis: Steigerung der Maximalkraft über die Verbesserung der intramuskulären Koordination.

System: **Verbesserung der Schnellkraft.**
Intensität: gleiche Arbeit wie beim Wettkampf bei höchster Schnelligkeit, aber mit leichterer Belastung (30–50 Prozent der Maximalkraft) (größere Griffe, weniger Überhang).
Wiederholungen: 5–6.

Serien: 6–10.
Zeitliche Aufteilung: Wiederholungen ohne Unterbrechung; Pause zwischen Serien: 5 Minuten.
Ergebnis: Steigerung der Maximalkraft über die Steigerung der Kontraktionsgeschwindigkeit und Verbesserung der intramuskulären und intermuskulären Koordination.

System: **Verbesserung der Maximalkraft mittels Pyramidentraining.**
Intensität: 80 – 85 – 90 – 95 – 95 – 90 – 85 – 80% der Maximalkraft.
Wiederholungen: jeweils 8 – 5 – 3– 2 – 2 – 3 – 5 – 8.
Serien: ein Durchgang für die gesamte Übung (8 Serien).
Zeitliche Aufteilung: Wiederholungen ohne Unterbrechung; Pause zwischen Serien: nur so lange, wie zum Ändern der Intensität erforderlich.
Ergebnis: verbindet das Hypertrophietraining mit dem Training der intramuskulären Koordination und ist besonders dann angeraten, wenn weniger Wochen zur Verfügung stehen, als es für ein gezielt ausgerichtetes Training erforderlich wäre.

System: **Hypertrophietraining.**
Intensität: 60–80% der Maximalkraft
Wiederholungen: 8–12 bis zur lokalen Muskelerschöpfung.
Serien: 3–6.
Zeitliche Aufteilung: Wiederholungen ohne Unterbrechung; Pause zwischen Serien: 3–5 Minuten.
Ziel: Vergrößerung des Kreatinphosphatspeichers
Ergebnis: Steigerung der Maximalkraft über die Zunahme der Muskelmasse.

Trainingssysteme zur Verbesserung des anaerob-laktaziden Stoffwechsels

System: **intensive Intervallmethode mit kurzen Pausen.**
Intensität: fast maximal; bei 75–50% der Maximalkraft.
Wiederholungen: 3–4, je 20–30 Sekunden lang.
Serien: 3–4.
Zeitliche Aufteilung: Pause zwischen Wiederholungen: 2–3 Minuten; Pause zwischen Serien: 10–15 Minuten.
Ergebnis: Laktatproduktion und Laktatelimination.

System: **Wiederholungsmethode.**
Intensität: maximal bis zur lokalen Muskelerschöpfung; bei 50–75% der Maximalkraft.
Dauer: 45–60 (120) Sekunden.
Serien: 4–6.
Zeitliche Aufteilung: Pause zwischen Serien: 8–10 Minuten.
Ergebnis: Vergrößerung der Muskelglykogenspeicher; Laktattoleranz.

System: **extensive Intervallmethode.**
Intensivität: ca. 30% der Maximalkraft.
Dauer: 60–90 Sekunden.

Serien: 4–6.
Zeitliche Aufteilung: Wiederholungen ohne Unterbrechung; Pause zwischen Serien: 1 Minute.
Ergebnis: Vergrößerung des Muskelglykogenspeichers, Kapillarisierung und Mitochondrienvermehrung, Ökonomisierung des aerob-anaeroben Stoffwechsels.

Trainingssysteme zur Verbesserung des aeroben Stoffwechsels

Die hier aufgeführten Trainingssysteme in Form der Dauermethode sind nur für das Training der aeroben Grundlagenausdauer, nicht aber zur Steigerung der kletterspezifischen Kraft geeignet. Der Kletterer sollte ein aerobes Grundlagenausdauertraining durchführen, da ein höheres Grundlagenausdauerniveau die Regenerationsfähigkeit verbessert. Letztendlich lassen sich dadurch z. B. Ruhepositionen in der Kletterroute effektiver nutzen, die Pausenzeiten zwischen Versuchen an einer Route verkürzen und damit evtl. sogar mehr Versuche an einem Tag durchführen. Auch die Regenerationszeit zwischen den einzelnen Trainings- bzw. Klettereinheiten ist verkürzt.

System: **variable Dauermethode, Fartlek.**
Intensität: variabel (niedrig, mittel, stark).
Dauer: über 30 Minuten.
Ergebnis: Verbesserung der aeroben und anaeroben Ausdauer; Fähigkeit, die angeforderte Art der Energiebereitstellung zu wechseln; bessere Erholung bei leichten Belastungen; Toleranz gegen Ermüdung.

System: **intensive Dauermethode.**
Intensität: 70–80% der VO_2max bzw. an der anaeroben Schwelle.
Dauer: 30 Minuten bis 1 Stunde.
Ergebnis: Vergrößerung der Glykogenspeicher; Steigerung des maximalen VO_2 und der Herzleistung.

System: **extensive Dauermethode.**
Intensität: 50–60% der VO_2max bzw. an der aeroben Schwelle.
Dauer: je nach Zielstellung: 20 Minuten zur Regenerationsbeschleunigung; über 60 Minuten zur Verbesserung des Fettstoffwechsels.
Ergebnis: Ökonomisierung der Herzleistung; Fettstoffwechseltraining; Regenerationsbeschleunigung; Verbesserung des aeroben Stoffwechsels.

Beweglichkeit

Unter Beweglichkeit versteht man die Fähigkeit, mit willkürlichen Bewegungen den maximal möglichen Gelenkwinkelbereich ausnutzen zu können. Die Bewegungsfähigkeit wird durch die anatomischen Eigenschaften der am Gelenk beteiligten Strukturen (Knochen, Sehnen, Muskulatur, Gelenkkapsel und Bänder) begrenzt. Weiter wird sie noch durch Faktoren wie Alter, Geschlecht, Körper- und Umgebungstemperatur beeinflusst.

Man unterscheidet zwischen einer allgemeinen und einer speziellen Beweglichkeit. Die allgemeine Beweglichkeit bezieht sich dabei auf eine durchschnittliche Beweglichkeit in den großen Gelenksystemen (Wirbelsäule, Hüfte, Schulter). Die spezielle Beweglichkeit hingegen fordert je nach den Erfordernissen der Sportart eine überdurchschnittliche Beweglichkeit bestimmter Gelenksysteme. Beim Klettern ist eine spezielle Beweglichkeit vor allem im Hüftgelenk und im Schultergelenk gefragt. Unter passiver Beweglichkeit versteht man die Bewegungsamplitude, die mit Hilfe äußerer Kräfte wie der Schwerkraft, Partnerunterstützung etc. erreicht wird. Das Klettern hingegen erfordert mehr eine aktive Beweglichkeit. In diesem Fall resultiert die Bewegungsweite aus der Kraft des Antagonisten und der Entspannungfähigkeit des Agonisten. So kann beim Ausspreizen einer Verschneidung die erforderliche Spreizweite der Beine nur durch Kontraktion der Hüftgelenkbeuge- und der Kniegelenkstreckmuskulatur bei gleichzeitiger Entspannungsfähigkeit der Kniegelenkbeuge- und Gesäßmuskulatur erreicht werden.

Für das Klettern ist eine große Bewegungsreichweite erforderlich.

Nach der Dehnung müssen Muskel- und Gelenkstrukturen außerdem in der Lage sein, unverändert in ihre Ausgangsposition oder ihren Ausgangszustand zurückzukehren. Hierfür ist das elastische Materialverhalten der Strukturen verantwortlich. Es setzt der Dehnung einen Widerstand entgegen, sichert aber auch wieder die Rückkehr in die Ausgangsposition.

An dieser Stelle sei jedoch darauf hingewiesen, dass die Verwendung des Begriffs Beweglichkeit zwar exakter ist, dass jedoch umgangssprachlich und aus historischen Gründen oft der Begriff Flexibilität als Synonym verwendet wird.

Die Ausbildung der Beweglichkeit bringt für die Sportler im Allgemeinen und für die Kletterer im Besonderen große Vorteile mit sich, da durch sie eine flüssigere Bewegungsausführung, eine größere Bewegungsreichweite, eine größere Kraftentwicklung sowie das Vermeiden von Verletzungen durch Überdehnungen gewährleistet wird.

Wer seine Beweglichkeit trainiert, muss wissen, dass auf Grund der anatomischen Gegebenheiten jedes Gelenk des Körpers über ein spezielles Bewegungsausmaß verfügt und somit die Bewegungsweite verschiedener Gelenke untereinander nicht vergleichbar ist. Ebenso können beim Seitenvergleich Differenzen in der Beweglichkeitsleistung auftreten. So kann z. B. das rechte Hüftgelenk einen weiteren Bewegungsspielraum aufweisen als das linke.

Anatomische Grenzen

Die Knochen, die über ein Gelenk miteinander verbunden sind, sind im Normalfall so geformt, dass sie die Bewegung nur in bestimmten Ebenen und Winkelbereichen gestatten (die Formen des Unter- und des Oberarmknochens verhindern zum Beispiel, dass sich der Unterarm im Ellbogen viel weiter als 180° aufklappen lässt).
Ebenso ist die Kapsel, die ein Gelenk umschließt, nicht nur ein Schutz, sondern schränkt außerdem die Bewegung ein.
Die Bänder dienen ausschließlich zur Stabilisierung der Gelenke. Deshalb sind sie kräftig und kaum dehnbar.
Auch die Muskulatur sichert die Gelenke. Bei einer übermäßigen Muskelhypertrophie schränkt die vorhandene Muskelmasse die Bewegung ein. Aber auch die Antagonisten haben im Rahmen der Bewegungssteuerung die Funktion der Gelenkstabilisierung und somit eine gewisse Schutzfunktion vor Verletzungen. Ist allerdings während der Bewegung ihre Muskelspannung unnötig hoch, so kann dies auch zur Einschränkung der Bewegungsweite führen.

Weitere begrenzende Faktoren

Die Beweglichkeit ist eine degenerative Fähigkeit, die am stärksten im frühesten Lebensalter (Säuglings- und Kleinkindalter) ausgeprägt ist. Im Lauf der Jahre nimmt die Beweglichkeit sukzessive ab. Durch regelmäßiges spezifisches Training lässt sich dieser »Versteifungsprozess« hinauszögern. Bewegungseinschränkungen, die schon manifest sind, lassen sich allerdings nur schwer oder gar nicht mehr beseitigen. Mit einem regelmäßigen Beweglichkeitstraining sollte deshalb schon im Kindesalter, spätestens aber in der Pubertät begonnen werden.
Hinsichtlich der Beweglichkeitsfähigkeit bestehen auch geschlechtsspezifische Unterschiede. Im Allgemeinen sind Frauen u. a. auf Grund des höheren muskulären Fettanteils und der daraus resultierenden geringeren Viskosität des Gewebes beweglicher als Männer.
Die Viskosität des Gewebes hängt zudem von der Umgebungstemperatur bzw. Muskeltemperatur ab. Wärme lässt die Viskosität abnehmen und fördert so die Beweglichkeit. Kälte hingegen erhöht die Viskosität und hemmt somit die Beweglichkeit. Hierin ist unter anderem die Bedeutung eines ausreichenden Aufwärmens vor der Belastung zu sehen.

Methoden zur Entwicklung der Beweglichkeit

Mit einem Beweglichkeitstraining können zwei Ziele verfolgt werden: 1. die Verbesserung der Bewegungsweite der Gelenke und 2. im Rahmen des Aufwärmens das Schaffen einer erhöhten Funktionsfähigkeit. Je nach Zielsetzung sind unterschied-

liche Verfahren anzuwenden, es kann allerdings auch dieselbe Übung angewandt werden.
Alle Methoden, die für die Förderung der Gelenkbeweglichkeit angewendet werden können, beinhalten Dehnungsübungen. Diese zielen darauf ab, die Bewegung begrenzende Strukturen zu entspannen. Bei Personen, die über eine extreme Beweglichkeit (Hypermobilität) verfügen, sollten die Dehntechniken nicht oder nur mit äußerster Vorsicht angewandt werden. Für sie ist zur Gelenkstabilisierung eher der Einsatz von Kräftigungsmethoden sinnvoll.
Im Rahmen der Dehntechniken unterscheidet man zwischen dynamischem und statischem Dehnen. Das dynamische Dehnen, auch Schwunggymnastik genannt, führt wippende, federnde und schwingende Bewegungen aus. Bei richtiger Anwendung stellt es vor allem eine effiziente Methode für das Aufwärmen der Muskulatur vor einer nachfolgenden Belastung dar. Durch die dynamische Muskelarbeitsweise erhöht sich die Muskeltemperatur und reduziert somit die Viskosität. Zudem können Bewegungsprogramme eingeübt werden. Eine gewisse Gefahr der Methode besteht dann, dass die Bewegungen zu abrupt und zu kräftig ausgeführt werden. Dadurch wird der monosynaptische Dehnungsreflex aktiviert und statt einer muskulären Entspannung eine Verkürzung erreicht. Das Auslösen des Dehnungsreflexes wird dadurch verhindert, dass die Bewegungen kontrolliert ausgeführt werden und der Sportler sich langsam an seine Bewegungsgrenze herantastet.
Ein dynamisches Dehnen ist nicht geeignet, nach dem Training den durch die Kraftbelastungen hervorgerufenen Kontraktionsrückstand der Muskulatur zu beseitigen.
Die statischen Dehntechniken zielen auf eine bewusste Entspannung des Muskeltonus ab. Der Nachteil liegt bei diesen Techniken vor allem darin, dass keine Bewegung ausgeführt wird und somit auf koordinativer Ebene auch keine Bewegungsbahnung entsteht. Hinzu kommt, dass die Gelenkstrukturen in unphysiologischer Stellung lange belastet werden.
Die nachfolgend dargestellten statischen Dehntechniken sind:

- das passiv statische Dehnen und
- das Anspannungs-Entspannungs-Dehnen (CHRS-Methode).

Beide Methoden werden häufig verwendet und sind zudem einfach in der Durchführung.
Beim statischen Dehnen wird die gewünschte Dehnstellung langsam eingenommen und anschließend gehalten (stretch). Wenn in der Halteposition die Muskulatur merklich entspannt, so kann der Dehngrad nochmals erweitert werden (development stretch). Insgesamt dauert dieser Dehnungsvorgang zwischen 20 Sekunden und mehreren Minuten.
Das Anspannungs-Entspannungs-Dehnen nutzt bewusst neuronale Entspannungsmechanismen und ist auch unter dem Begriff propiozeptive neuromuskuläre Fazilitation (PNF) bekannt. Bei dieser Dehntechnik wird folgendermaßen verfahren: 1. die Dehnstellung wird langsam eingenommen, 2. der gedehnte Muskel wird kurz (3–5 Sekunden) maximal isometrisch kontrahiert, 3. die Kontraktionsspannung wird schlagartig beendet und die Dehnstellung sofort verstärkt und 4. 10–20 Sekunden gehalten.
Bei diesem Verfahren werden durch die maximale Kontraktion des gedehnten Muskels die Muskelspindeln, die als Dehnungsrezeptoren fungieren, entspannt. Sie sind

damit kurzfristig für die nachfolgende Dehnung weniger sensibel. Gleichzeitig bewirkt die hohe Zugspannung auf die Sehnen zum einen die Aktivierung der Golgi-Organe, die über einen Rückkopplungsmechanismus eine Muskelentspannung herbeiführen. Zum anderen wird die Sehne als elastisches Material etwas gedehnt. Dieser Dehnungszustand bleibt nach dem Wegfall der Zugspannung über gewisse Zeit bestehen. Diesen Effekt bezeichnet man als »Creeping«-Effekt.
Viele der Dehnübungen kann der Kletterer alleine durchführen. Bei einigen ist aber die Unterstützung durch einen Partner nötig, damit die gewünschte Position eingenommen bzw. gehalten werden kann. Nachfolgend werden für die verschiedenen Gelenksysteme die wesentlichen Dehnübungen, die auch für den Kletterer relevant sind, dargestellt.

Dehnen des Schulterbereichs

Ein Seil oder ein Handtuch wird mit beiden Händen in einem bestimmten Abstand gefasst und mit durchgestreckten Ellbogen nach vorn und nach hinten geführt. Bei jeder Übungswiederholung wird der Abstand zwischen den Händen verringert.

Dehnen des breiten Rückenmuskels und des hinteren Teils des Deltamuskels

Einen Arm gestreckt vor den Körper halten und ihn mit der anderen Hand in Richtung der gegenseitigen Schulter drücken.

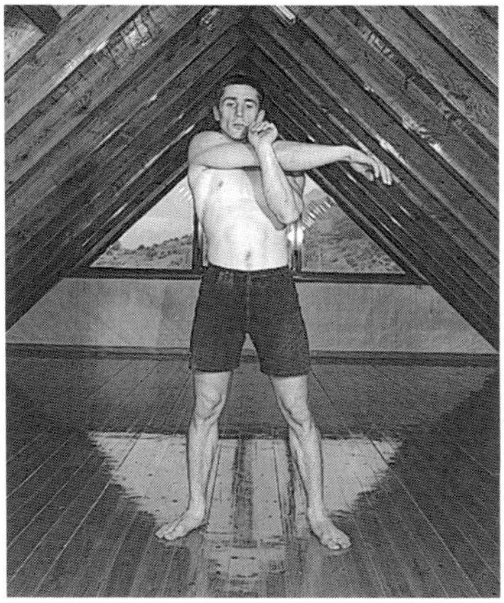

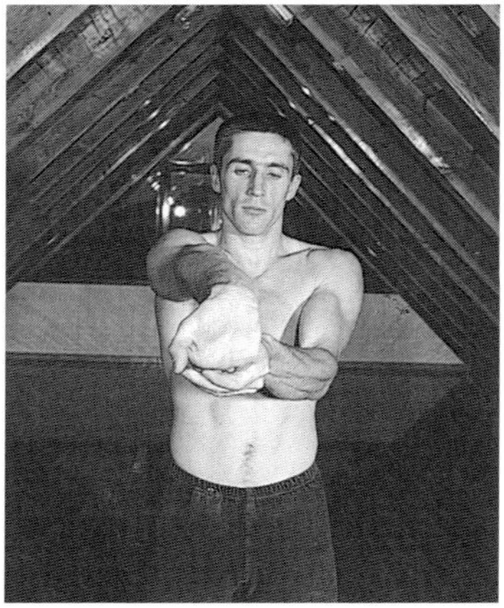

Dehnen der Hand- und Fingerbeugemuskulatur

Arm in Vorhalte strecken und die Hand in Mittelstellung halten. Mit der anderen Hand die Fingerspitzen fassen und zum Körper ziehen. Der Ellbogen muss dabei gestreckt sein.

Dehnen der Unterarme

Im Vierfüßlerstand die Handflächen so auf den Boden setzen, dass die Fingerspitzen zu den Knien zeigen. Die Dehnung auf die Unterarmmuskulatur wird verstärkt, wenn das Gesäß in Richtung Fersen bewegt wird.

Dehnen der Nackenmuskulatur

Mit angewinkelten Beinen auf den Rücken legen. Den Kopf mit den Händen fassen und das Kinn zur Brust ziehen. Die Dehnung erfolgt hier passiv durch den Zug der Hände.

Dehnen der Rückenstrecker

Auf den Boden setzen, Knie anwinkeln und die Füße flach aufsetzen. Die Knie mit den Händen umfassen und den Rücken rund machen, so dass er sich von den Knien entfernt. Dabei bleibt das Kinn auf die Brust gedrückt.

Diagonales Dehnen von Rumpf und Gesäß

Auf den Boden setzen. Ein Bein ausstrecken, das andere anziehen und über das gestreckte Bein kreuzen, wobei die Fußsohle flach aufgesetzt wird. Den Rumpf gegendrehen und die Dehnung durch den Armdruck am Knie unterstützen.

Dehnen der geraden Bauchmuskulatur, der Hüftbeuger und der Brustmuskulatur

In der Brücke mit flach aufgesetzten Händen und Füßen die Hüfte so weit wie möglich anheben. Der Körper wird im Rücken durchgebogen.

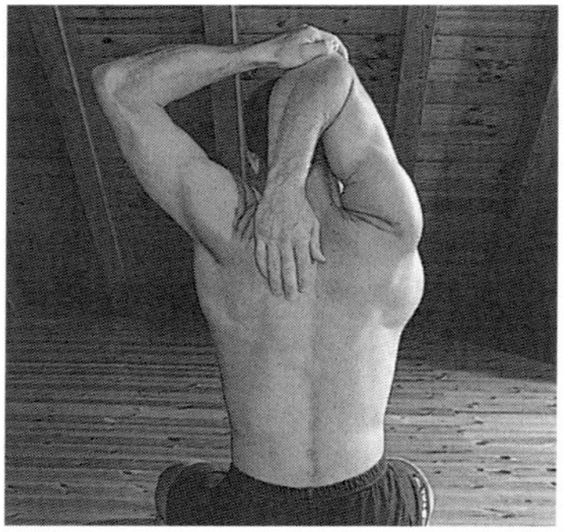

Dehnen der Ellbogenstrecker und der oberen Schulterblattstabilisatoren

Arm in Hochhalte im Ellbogen maximal beugen. Die andere Hand zieht den Ellbogen in Richtung Gegenseite.

Dehnen der seitlichen Rumpfmuskulatur

Im leichten Seitgrätschstand wird eine Hand in der Hüfte abgestützt. Rumpfseitbeuge, wobei der andere Arm gestreckt über den Kopf auf die Gegenseite geführt wird.

Dehnen der Brustmuskulatur

Den Arm gestreckt aus der Seithalte nach rückwärts führen und fixieren. Den Rumpf dabei zur entgegengesetzten Seite drehen.

Dehnen der rückwärtigen Oberschenkelmuskulatur und der Rückenstrecker

Auf den Boden setzen und die Beine geschlossen ausstrecken. Den Rumpf in Richtung Beine neigen. Die Hände umfassen die Füße und unterstützen die Dehnung.

Dehnen der Gesäßmuskulatur und der Adduktoren

Ein Bein anwinkeln und Fuß hoch aufsetzen und die Hüfte nach vorne schieben. Das andere Bein bleibt dabei auf dem Boden stehen.

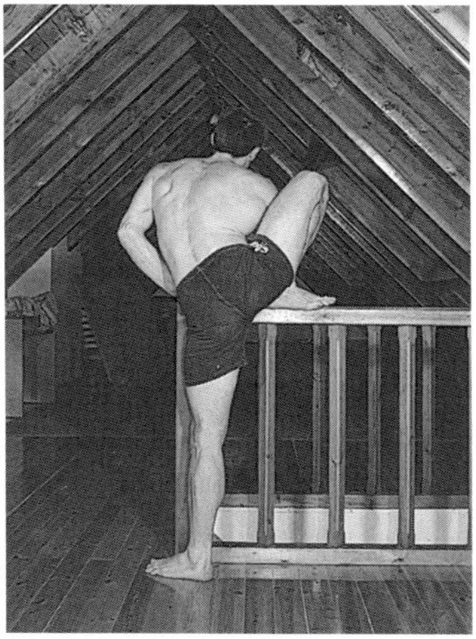

Dehnen der Adduktoren

Mit angewinkelten Beinen auf den Boden setzen, die Fußsohlen zeigen zueinander. Die Knie zum Boden drücken.

Dehnen der Adduktoren

In Froschposition gehen: Mit angewinkelten Beinen auf den Bauch legen, Fußsohlen zeigen gegeneinander. Füße und Knie bleiben auf dem Boden, während versucht wird, die Hüfte auf den Boden zu drücken.

Dehnen der Adduktoren und rückwärtigen Oberschenkelmuskeln

Mit ausgestreckten und so weit wie möglich gespreizten Beinen auf den Boden setzen, den Rumpf nach vorne in Richtung Boden neigen.

Wird mit dem Dehnen das Ziel »Aufwärmen« verfolgt, so werden im Kapitel *Aufwärmen* dazu die wesentlichen Schritte beschrieben. Soll hingegen damit eine Beweglichkeitsverbesserung erreicht werden, so sollten folgende Grundsätze beachtet werden:

1. Möglichst vormittags trainieren.
2. Vorher gut aufwärmen.
3. Kein Krafttraining in dieser Trainingseinheit.
4. Intensives Dehnen bis an die physiologische Bewegungsgrenze.
5. Verletzungen (vor allem Mikrotraumen) vermeiden.
6. Wiederholungen und Pausen müssen individuell für jede Person und jedes Gelenk gewählt werden.
7. Langer, wirkungsvoller Dehnreiz (über 60 Sekunden).

Es ist wichtig zu beachten, dass beim Dehnen immer eine bequeme und stabile Stellung eingenommen werden muss. Die Bewegungen müssen kontrolliert sein, um Verletzungen zu vermeiden. Die Intensität und Häufigkeit machen den Unterschied zwischen Aufwärmung und Verbesserung der Beweglichkeit aus.

Die koordinativen Fähigkeiten

Die koordinativen Fähigkeiten bilden die Grundlage für die Organisation und Regulierung von Bewegungen. Sie beruhen auf neurophysiologischen und psychischen Zuständen und ermöglichen das Lernen, Organisieren, Steuern und Umstellen von Bewegungen.

Die Sinne

Die Ausbildung und Verbesserung der Koordination hängt in hohem Maß vom Funktionieren des Nervensystems ab, vor allem vom sensomotorischen System, und von der Integration der Informationen, die von den verschiedenen perzeptiven Systemen (auch Sinne genannt) geliefert werden. Die wichtigsten von ihnen sind das visuelle, das kinästhetische, das akustische, das taktile und das Gleichgewichtssystem.

Das *visuelle System* verarbeitet die Informationen, die über die Rezeptoren des Auges aufgenommen werden. Ein Großteil der Informationen wird über diesen Weg erfasst. Im Sport ist es das mit am meisten beanspruchte System zur Informations-

Wahrnehmungssysteme, durch die der Kletterer Informationen aus der Umwelt aufnimmt

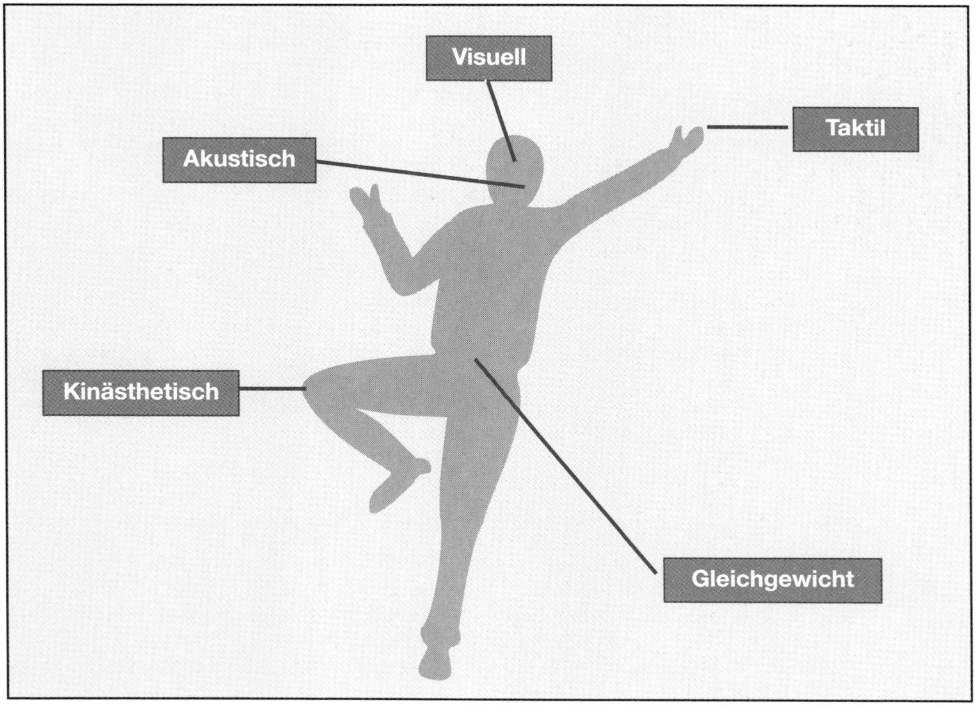

aufnahme. Es dient dazu, überhaupt Objekte wahrnehmen, aber auch Entfernungen bestimmen zu können.
Das *kinästhetische System* informiert ständig über die Lage der Körpersegmente im Raum und über den Spannungszustand der Muskulatur. Hierbei handelt es sich um ein Wahrnehmungssystem, das körperinterne Empfindungen registriert und meist unbewusst verarbeitet. Seine Bedeutung liegt vor allem in der permanenten Regulierung der Stützmotorik sowie in der Korrektur der Feinabstimmung einer Bewegung.
Das *akustische System* erhält Informationen von außen durch das Wahrnehmen von Geräuschen über die Rezeptoren des Ohrs. Hierbei können z. B. Umgebungsgeräusche auf Gefahren aufmerksam machen (z. B. Donnern beim Steinschlag). Aber auch konkrete Bewegungsanweisungen durch den Partner oder Trainer werden mit dem akustischen Analysator wahrgenommen.
Das *taktile System* gibt Informationen über Form, Beschaffenheit, Temperatur und andere Eigenschaften von Oberflächen und Gegenständen, die mit dem Körper berührt werden. Beim Klettern kommt vor allem der taktilen Wahrnehmung über die Hautrezeptoren der Finger und Hände sowie der Füße (wenn diese auch durch das Schuhwerk verschlechtert ist) entscheidende Bedeutung zu. Sie ermöglicht, dass die aufzubringende Muskelkraft genau dosiert werden kann.
Das *Gleichgewicht* ermöglicht die Stabilität des Körpers im Raum, sowohl in der Bewegung als auch in statischer Position. Die Gleichgewichtsregulation basiert überwiegend auf der Verarbeitung kinästhetischer Informationen.
Die beschriebenen Wahrnehmungssysteme ermöglichen die Beziehung zwischen der Person und ihrer Umwelt über motorische Aktionen. Nach der Aufnahme von Informationen und ihrer Analyse erfolgt eine auf die gegebenen Bedingungen abgestimmte Handlung, die durch permanente Regulation nachgebessert wird. Das Ergebnis dieser Handlung wird im motorischen Gedächtnis gespeichert.
Koordination ist demnach ein äußert komplexer Prozess. Man spricht von einer gut koordinierten Bewegung, wenn die dafür benötigte Energie möglichst minimal ist. Dabei muss klar zwischen Technik (siehe das entsprechende Kapitel in diesem Buch) und Koordination unterschieden werden. Die Technik als spezifische Abfolge von Bewegungen, mit der Bewegungsaufgaben im Sport gelöst werden, bezieht sich mehr auf das Verfahren, das zur Bewegungslösung angewandt wird. Dahingegen gibt die Koordination als qualitative Größe Auskunft über die Art und Weise. Eine gut entwickelte Koordination ermöglicht somit eine situationsgerechte, aber nicht automatisierte Ausführung einer Bewegung.
Die koordinativen Fähigkeiten werden in allgemeine und spezifische Fähigkeiten unterteilt.

Die allgemeinen koordinativen Fähigkeiten

Die allgemeinen koordinativen Fähigkeiten sind diejenigen, mit denen die geeigneten motorischen Reaktionen organisiert, reguliert, kontrolliert und je nach den Umständen geändert werden können. Da im Sport zwischen dem Erlernen einer Bewegung, ihrer Beherrschung und Anpassung an sich ändernde Gegebenheiten unterschieden wird, müssen auch drei verschiedene allgemeine Fähigkeiten differenziert werden:

ALLGEMEINE KOORDINATIVE FÄHIGKEITEN
Motorische Lernfähigkeit
Motorische Steuerungsfähigkeit
Motorische Anpassungs- und Umstellungsfähigkeit
SPEZIFISCHE KOORDINATIVE FÄHIGKEITEN
Gleichgewichtsfähigkeit
Motorische Kopplungsfähigkeit
Orientierungsfähigkeit
Differenzierungsfähigkeit
Antizipationsfähigkeit
Kombinationsfähigkeit
Reaktionsfähigkeit

Typen von koordinativen Fähigkeiten

- *die motorische Lernfähigkeit:* Darunter versteht man die Fähigkeit einer Person, neue (schwierige) Bewegungen in kurzer Zeit zu erlernen und präzise auszuführen.
- *die motorische Steuerungsfähigkeit:* Dabei handelt es sich um die Fähigkeit, die Bewegung durch Steuerimpulse aus dem ZNS (Zentralnervensystem) so zu gestalten, dass sie sich mit der Zielvorstellung deckt.
- *die motorische Anpassungs- und Umstellungsfähigkeit:* Dies ist die Fähigkeit, das motorische Programm situationsangepasst zu ändern, umzuformen und anzupassen.

Die spezifischen koordinativen Fähigkeiten

Die spezifischen koordinativen Fähigkeiten als Leistungsvoraussetzungen ermöglichen das Erlernen und die Realisierung von Bewegungsfertigkeiten. In einer praxisbezogenen Systematisierung unterscheidet man sieben verschiedene spezifische koordinative Fähigkeiten.

Die Gleichgewichtsfähigkeit

Das Gleichgewicht ist die Fähigkeit, eine Körperposition äußeren Einwirkungen gegenüber stabil zu halten. In Bezug auf mögliche Tätigkeiten unterscheidet man zwischen dem statischen und dem dynamischen Gleichgewicht. Beide sind für das Klettern in gleichem Maße bedeutsam. Statisches Gleichgewicht liegt dann vor, wenn sich der Körper in ruhigem Stand befindet (z. B. Ruheposition, bevor weitergeklettert wird). Dynamisches Gleichgewicht ist dann erforderlich, wenn der Körper in der Bewegung im Gleichgewicht gehalten werden soll (z. B. Einsatz des Pendelbeins, um das Weitergreifen zu unterstützen).

Um das Prinzip des Gleichgewichts zu verstehen und dann zu nutzen, muss man auf physikalische Grundkenntnisse zurückgreifen. In jedem Körper lässt sich theoretisch der Körperschwerpunkt, als theoretischer Punkt, in dem die Summe aller angreifenden Kräfte Null ist, bestimmen. Durch diesen Körperschwerpunkt verläuft die Schwerpunktachse als gedachte Gerade zwischen Körperschwerpunkt und Erdmittelpunkt. Das Gewicht des Kletterers ruht immer auf Kontaktpunkten mit dem Felsen oder dem Material, weshalb sich eine Stützfläche bestimmen lässt. Diese ist nichts anderes als die Fläche, die zwischen den Kontaktpunkten liegt.
Der Kletterer hält sich in einem statischen Gleichgewicht, wenn die Schwerpunktlinie des Körpers durch die Stützfläche geht (diese Fläche kann sich auf eine Linie oder einen Punkt reduzieren, je nachdem, wie viele Kontaktpunkte zur Wand vorhanden sind). Je weiter sich die Schwerpunktlinie aufgrund der Körperposition von der Stützfläche entfernt, desto höher ist der Kraftaufwand, der aufzubringen ist, damit der Kletterer nicht stürzt. Deutlich wird die Bedeutung des Gleichgewichts, wenn die Körperposition beim Klettern erst verändert werden muss, damit man überhaupt mit einer Hand loslassen und weitergreifen kann.

Die motorische Kopplungsfähigkeit

Dies ist eine der wichtigsten koordinativen Fähigkeiten, die in den meisten Handlungen des täglichen Lebens benötigt. Die Kopplungsfähigkeit ermöglicht die räumlich, zeitliche und dynamische Abstimmung von Teilkörperbewegungen, so dass eine bestimmte Bewegung zu Stande kommt. Gerade beim Klettern beruht die Verbindung von Teilbewegungen zu komplexen Kletterbewegungen, die die sinnvolle Fortbewegung erst ermöglichen, auf dieser motorischen Kopplungsfähigkeit.
Hinsichtlich der zeitlichen Komponente unterscheidet man simultan (gleichzeitig) und sukzessive (nacheinander) ablaufende Bewegungen. Als Beispiel für simultan ablaufende Aktionen kann die Streckung des Beins zur Körpergewichtsverlagerung und die Armstreckung zum Fassen des nächsten Griffs angeführt werden. Sukzessiv ablaufende Bewegungen sind z. B. das Hochziehen des Seils mit anschließendem Einhängen in den Karabiner.
Ein unzureichendes Niveau der Kopplungsfähigkeit kann das Erreichen von Zielen in der konkreten Klettersituation erschweren, besonders deshalb, weil so die logischen Sequenzen unterbrochen werden und sich somit die Gesamtbelastungszeit verlängert. Im Extremfall kann dies zum Sturz führen. Die Qualität der Kopplungsfähigkeit kommt ganz deutlich beim dynamischen Klettern zum Ausdruck. Kletterer, die bei einem Sprung nicht das Schwungholen, die Flugphase, das Fassen nach dem neuen Griff sowie die Stabilisierung des Körpers in der neuen Position fließend ausführen können, sollten gezielt diese Fähigkeit trainieren.

Die Orientierungsfähigkeit

Diese Fähigkeit ermöglicht die Lage des eigenen Körpers in einem definierten Raum mit entsprechenden Orientierungspunkten zu bestimmen und zielgenau zu verändern. Für den Kletterer bedeutet dies, dass er seinen Körper in Bezug zu den existierenden Haltepunkten/Fortbewegungspunkten (Griffe und Tritte) und Sicherungspunkten wahrnehmen und unter dem Aspekt der Routenbewältigung verändern muss. Dabei stützt er sich vorwiegend auf den optischen Analysator, der ihn Griff- und Trittmöglichkeiten erkennen lässt. Unterstützt wird die Orientierung durch die taktile Wahrnehmung, die dem Kletterer Auskunft über Größe, Struktur Reibungsverhalten etc. von Griffen uind Tritten gibt.

Die Differenzierungsfähigkeit

Voraussetzungen für eine gute Bewegungskoordination bilden die differenzierte Auswahl von Informationen bei der Informationsaufnahme sowie die differenzierte Verarbeitung dieser aufgenommenen Informationen. Entscheidend ist hier der kinästhetische und taktile Analysator. Die Informationen beziehen sich dabei auf die Winkelstellung in den Gelenken, die Geschwindigkeit von Körperteilen, das bewusste Erfassen von Spannungszuständen in der belasteten Muskulatur, durch das z. B. beim Halten der Griffe ein übermäßiger Krafteinsatz vermieden werden kann. Dieses »weiche Greifen« sollte gezielt trainiert werden, da damit ein unnötiger Energieverbrauch verhindert wird. Der Ausprägungsgrad der Differenzierungsfähigkeit, bezogen auf bestimmte Bewegungsabläufe, hängt stark vom motorischen Könnensstand ab und wird stark sportartspezifisch entwickelt. So kann der Kletterer die Fähigkeit, Gleichgewicht zu halten, die er beim Klettern erworben hat, nicht unbedingt auf Situationen beim Skifahren übertragen.

Die Antizipationsfähigkeit

Diese Fähigkeit zielt darauf ab, den Verlauf oder das Ergebnis einer Bewegungshandlung geistig vorwegzunehmen.
Für das Klettern ist diese Fähigkeit grundlegend, da damit überflüssige oder nicht realisierbare Bewegungen vermieden werden. Das Klettern ist im Grund ein Sport, bei dem die kognitiven Prozesse des Vorausdenkens stark im Vordergrund stehen. Einen guten Kletterer erkennt man daran, dass er gezielt einen Griff auswählt und gleichzeitig eine genaue Vorstellung über die folgende(n) motorische(n) Aktion(en) hat.

Die Kombinationsfähigkeit

Mit diesem Begriff bezeichnet man die Gesamtheit der intellektuellen (nicht nur motorischen) Eigenschaften, die es einer Person ermöglichen, auf originelle und kreative Weise ein bestimmtes motorisches Problem zu lösen und außerdem Bewegungen zu variieren, umzustrukturieren und ständig auf neue Weise zu reproduzieren.
Diese Fähigkeit wird vor allem beim *On-sight*-Klettern, aber auch beim Lösen von Boulderproblemen gefordert.

Die Reaktionsfähigkeit

Die Reaktionsfähigkeit ist die Fähigkeit, auf einen Reiz in meist kürzester Zeit situationsadäquat zu reagieren. Beim Klettern ist die Reaktionsfähigkeit vor allem in nicht vorhersehbaren Situationen elementar. Zum Beispiel bei einem unvermittelten Sturz nach einem Griffausbruch muss der Kletterer in kürzester Zeit die richtige Sturzhaltung einnehmen. Aber auch der Sichernde muss entsprechend schnell reagieren und eventuell durch geschickte Seilbedienung den Sturz auf den Boden vermeiden.

Das Training der koordinativen Fähigkeiten

Die koordinativen Fähigkeiten äußern sich in allen Trainings- und Leistungssituationen, gleich in welchem Bereich: Technik, Taktik/Strategie, motorische Fertigkeiten oder Psychologie. Daher trainiert sie jeder Kletterer in jeder Klettersituation, ob beim Warmklettern oder beim Klettern an der Leistungsgrenze, unbewusst mit.
In jedem Fall müssen beim Entwickeln und Perfektionieren der koordinativen Fähigkeiten einige konkrete Grundsätze beachtet werden.

- Im Anfängerbereich sollte das Training der koordinativen Fähigkeiten in nicht ermüdetem Zustand durchgeführt werden.
- Beim Könner hingegen muss teilweise speziell ein Training unter Ermüdung stattfinden.
- Es muss auf eine Muskelentspannung während der Übungen geachtet werden, um ein kraftsparendes Arbeiten zu ermöglichen.
- Die Entwicklung einer genauen Bewegungsvorstellung, da diese die Ausbildung der koordinativen Fähigkeiten unterstützt.

Damit die koordinativen Fähigkeiten effektiv trainiert werden, muss die beim Training auf den Sportler wirkende Beanspruchung berücksichtigt werden. Hierzu zählen die:

Bewegungskomplexität

Zum Perfektionieren der Koordination beim Klettern werden Übungen von unterschiedlicher Komplexität eingesetzt: angefangen bei relativ einfachen, welche die Aktivität der Analysatoren des Nerven- und Muskelapparats anregen, bis hin zu den komplexesten, welche die funktionalen Möglichkeiten des Organismus mobilisieren. Die Übungen liegen zwischen 40 und 75 Prozent der maximalen Leistungsfähigkeit. Sie sind für Anfänger genauso geeignet wie für den Spitzenkletterer zu Beginn der Klettersaison. Beanspruchungen im Bereich von 75 bis 90 Prozent der Leistungsfähigkeit mit einem dementsprechend hohen Komplexitätscharakter sind nur für den Hochleistungskletterer geeignet. Der Gesamtumfang solcher Belastungen ist dabei niedrig zu halten (zwischen 10 und 15 Prozent des gesamten Koordinationstrainings).

Belastungsintensität

Kletteranfänger können ihre koordinativen Fähigkeiten besser durch Übungen mit niedriger Intensität entwickeln. Die Hochleistungskletterer benötigen dagegen sehr hohe koordinative Anforderungen, die vorzugsweise in spezifischen Situationen auftauchen.

Dauer der einzelnen Übungen

Im Allgemeinen liegt die optimale Übungsdauer für die Entwicklung der koordinativen Fähigkeiten zwischen 10 und 20 Sekunden. Innerhalb dieses Zeitbereichs tritt noch keine gravierende Ermüdung auf. Bei der Schulung komplexerer Fähigkeiten wie zum Beispiel der Differenzierungsfähigkeit sollte die Belastungsdauer wegen der höheren koordinativen Beanspruchung reduziert werden.

Wiederholungen der Übungen

Wenn die ausgeführte Übung nur von kurzer Dauer (unter 5 Sekunden) ist, ist die Anzahl der Wiederholungen hoch (sechs bis zwölf). Bei längerer Übungsdauer muss sich dementsprechend die Wiederholungszahl bis auf zwei bis drei Wiederholungen reduzieren. Übungen, die die koordinativen Fähigkeiten komplex trainieren, sollten nicht mehr als dreimal wiederholt werden. Werden hingegen koordinative Einzelfähigkeiten geschult, so sind hier höhere Wiederholungszahlen nötig.

Pausenlänge zwischen den einzelnen Übungen

Die Pausenzeit zwischen jeder Übungswiederholung sollte zwischen 1 und 3 Minuten dauern. Eine Verkürzung der Pausenzeit auf 10 bis 15 Sekunden ist nur dann sinnvoll, wenn die Koordination bewusst unter Ermüdung trainiert werden soll.

6 Trainingssteuerung

Im Trainingsprozess wird mit Hilfe einer planmäßigen Vorgehensweise eine Zustandsänderung (in der Regel eine Steigerung bzw. Stabilisierung) der komplexen klettertechnischen Leistungsfähigkeit angestrebt. Diese Zustandsänderung wird nur dann in der optimalen Zeit erreicht, wenn eine gezielte, wissenschaftlich unterstützte kurz- und langfristige Abstimmung aller für die Planung, Durchführung, Kontrolle, Auswertung und Korrektur notwendigen Maßnahmen durchgeführt wird. Der Prozess der Leistungssteigerung ist langfristig zu planen, da die Adaption biologischer Strukturen und Systeme an die Belastung erfolgen muss.
Der entscheidende Schritt in der Trainingssteuerung ist die klare Definition des Trainingsziels, das durch den Trainingsprozess erreicht werden soll. Alle Maßnahmen zur Planung und Durchführung des Trainings sind immer unter dem Gesichtspunkt des zu erreichenden Trainingsziels vorzunehmen. Damit gegebenenfalls Planungs- und Durchführungsmodalitäten geändert bzw. modifiziert werden können, ist eine permanente Rückmeldung auf Grund des Ist-/Sollwert-Vergleichs (Vergleich vom momentanen Zustand und zu erreichenden Zielzustand) nötig.
Wie gut ein Trainingsprozess auch abläuft, man wird seine Ergebnisse nicht wiederholen können, wenn weder ein planmäßiges Vorgehen noch eine Dokumentation über den Trainingsverlauf vorliegt. In diesem Fall beruhen die Trainingsergebnisse auf Zufälligkeiten. Noch ungünstiger gestaltet sich der Verlauf, wenn das absolvierte Training keinen Erfolg zeigt. Ohne konkrete Daten besteht keine Möglichkeit, Vorgehensweisen gezielt dahingehend zu verändern, dass sich die gewünschten Ergebnisse (Leistungssteigerung bzw. -stabilisierung) einstellen. Auch wird nicht ersichtlich, ob die Mängel schon im Planungsprozess oder erst in der Durchführung bestehen.
In der Planung des Trainings müssen zudem Rahmenbedingungen und Randbedingungen mit beachtet werden. Dazu zählen z. B. existierende Trainingsmöglichkeiten, möglicher Trainingsaufwand, bestimmte körperliche, psychische und motorische Eigenschaften des Kletterers, berufliche/schulische Situation.
Der Prozess der Trainingssteuerung beruht auf aufbauenden bzw. ineinander greifenden Schritten, die nachfolgend erläutert werden.

Analyse der Ausgangssituation des Sportlers

Wenn man bedenkt, dass das Trainingsziel eine Zustandsänderung des Kletterers beinhaltet, so müssen zunächst vor allem das Ausgangsniveau und die Ausgangsbedingungen, die die Leistung beeinflussen können, bekannt sein.

Nur wenn bei der Konzeption der Planung alle notwendigen Aspekte berücksichtigt werden, kann man davon ausgehen, dass die Leistungsentwicklung in etwa mit den Zielvorstellungen übereinstimmen wird.
Der Trainer (oder gegebenenfalls der Kletterer selbst) muss Kenntnis von der Ausgangssituation haben und diese als Basis für seine Trainingsplanung nehmen.
Die Ausgangssituation wird von internen und externen Variablen des Kletterers bestimmt.

Der Kletterer

Individuelles oder Gruppentraining

Vom methodologischen Standpunkt aus ist klar, dass die Konzeption der Trainingsplanung unterschiedlich zu gestalten ist, je nachdem, ob ein einzelner Kletterer trainiert wird oder im Rahmen eines Gruppentrainings die Bedürfnisse mehrerer Kletterer gleichzeitig zu berücksichtigen sind. Beim Individualtraining sollten Trainingsplanung und -durchführung speziell auf die individuellen Bedürfnisse des Kletterers zugeschnitten sein. Je größer die Anzahl der Kletterer beim Gruppentraining ist, umso mehr Kompromisse müssen hinsichtlich eines gezielten Trainings eingegangen werden. So kann z. B. das vorhandene Routenangebot nicht ausreichen, dass für die Gruppenteilnehmer eine wirklich noch effiziente Trainingsbelastung gegeben ist.

Allgemeines psychomotorisches Niveau

Die Kenntnis über die Qualität der motorischen Fähigkeiten (konditionelle und koordinative Fähigkeiten) des Kletterers ist grundlegend, damit im Rahmen der Ziel- bzw. Teilzieldefinition die Entwicklung der entsprechenden Fähigkeiten konkretisiert werden kann. Nur so wird auf motorischer Ebene eine sinnvolle Leistungsveränderung möglich. Bei Kletteranfängern ist die Kenntnis über ihre Fähigkeiten deshalb entscheidend, weil sich so schon früh gezielt Defizite, die sonst die weitere Leistungsentwicklung blockieren würden, beseitigen lassen.
Im Hinblick auf eine ganzheitliche und langfristig ausgelegte Leistungsentwicklung darf man sich nicht zu früh am sportlichen Erfolg orientieren, da dieser kurzfristig erreicht werden kann. Fehlen aber grundsätzliche Leistungsvoraussetzungen, weil sie im Training vernachlässigt wurden, so wird schnell eine Leistungsbarriere erreicht.
Diesen Fall beobachtet man oft bei jungen Kletterern, die in kürzester Zeit Routen in hohen Schwierigkeitsgraden klettern, dann aber keinen Leistungsfortschritt mehr erkennen lassen. Zusätzlich ist bei einem schnellen Leistungsaufbau das Verletzungs- und Überlastungsrisiko an den Strukturen der oberen Extremität sehr hoch.

Spezifisches Niveau des Sportlers

Innerhalb der Analyse der Ausgangssituation kommt wohl der Kenntnis des spezifischen sportlichen Niveaus das meiste Gewicht zu, da darauf hauptsächlich die Trai-

Fließbild zur Analyse der Schwachstellen des Kletterers und des Trainingsbedarfs

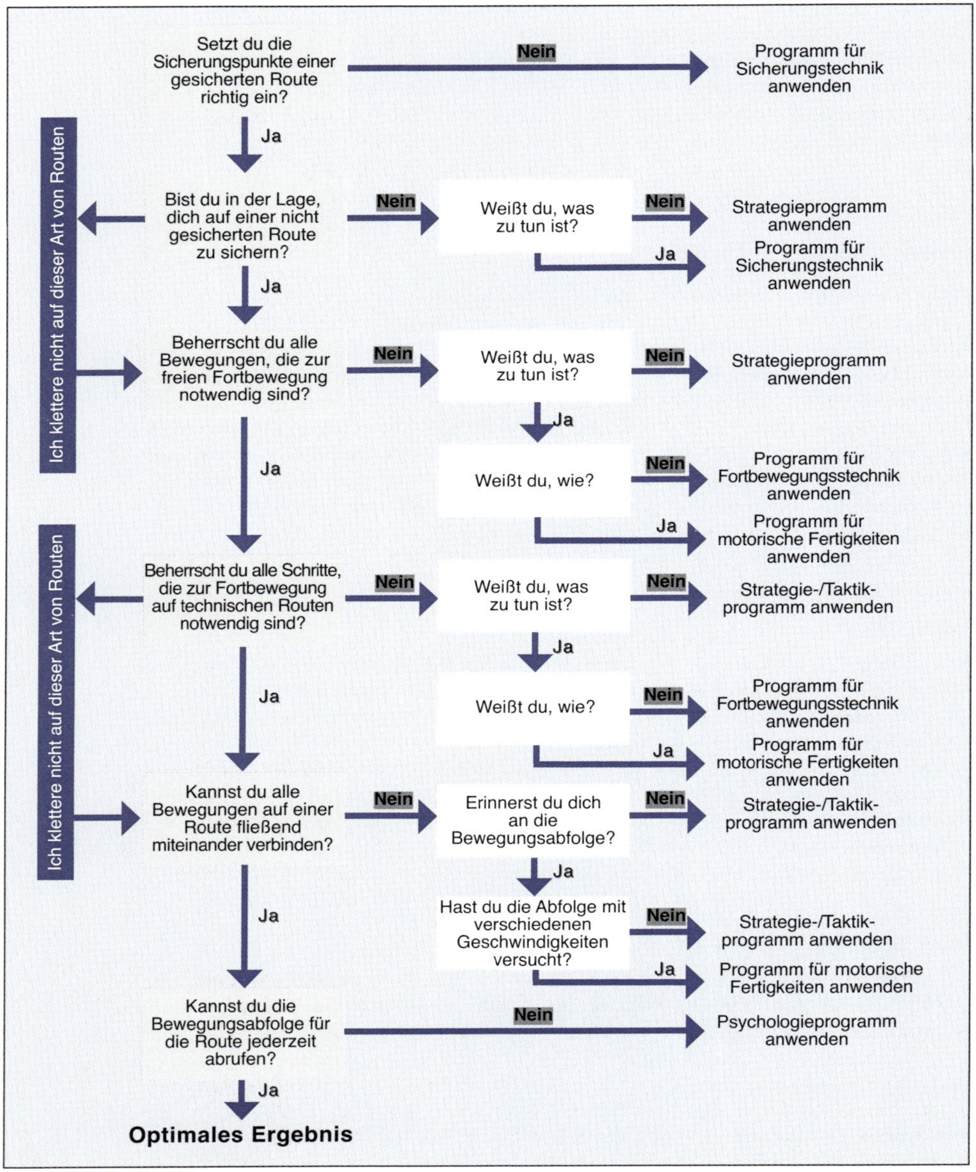

ningsplanung aufbaut. Zu berücksichtigen ist hier das Niveau, auf dem die Technik (Kletter- und Sicherungstechnik) beherrscht und inwieweit taktisches Handeln umgesetzt wird. Als Orientierungsgröße für die Qualität von Technik und Taktik kann der Kletterschwierigkeitsgrad herangezogen werden.
Um jedoch genaue Kenntnisse über das spezifische sportliche Niveau eines Kletterers zu erlangen, ist die Beobachtung und Analyse seiner Kletterleistung Voraussetzung. Der Trainer, oder der Sportler selbst, muss in der Lage sein, das Ergebnis jeder einzelnen durchkletterten Route zu analysieren und daraus Schlussfolgerungen zu ziehen, die als logische Konsequenz zur Festlegung des erforderlichen Trainings führen. In einigen Fällen kann es sich dabei um das Aufstellen längerfristiger Trainingspläne handeln (zum Beispiel: mehrmonatiges Konzept zum Erreichen eines bestimmten Ausdauerniveaus); in anderen Fällen aber auch um kurzfristige Trainingslösungen (zum Beispiel: die Wiederholung einer Bewegung, nachdem der geeignete Griff gefunden wurde). Das nebenstehende Diagramm ermöglicht die Analyse der verschiedenen Aspekte, auf die sich die Aufmerksamkeit richten sollte, um die Defizite des Kletterers festzustellen und dagegen geeignete Trainingsmaßnahmen zu ergreifen.
Zusätzlich ist es wichtig, auf bestimmte Feinheiten wie den vom Kletterer bevorzugten Routentyp (Länge, Wandstruktur, Neigung der Wand etc.) oder die Risikobereitschaft zu achten und daraus zusätzliche Informationen zu gewinnen. Weiter muss für die Planung berücksichtigt werden, ob der Kletterer eine totale Spezialisierung (z. B. reiner Wettkampfkletterer oder Überhangkletterer) anstrebt oder sich zum Allroundkletterer entwickeln möchte.

Störgrößen

Jeder Kletterer kann über irgendwelche Mängel oder Defizite verfügen, die seine Bewegungs- oder Lernmöglichkeiten einschränken. Diese Störgrößen müssen dem Trainer bekannt sein, damit er sie richtig einschätzen kann und die Situationen den realen Fähigkeiten des Schülers anpasst.
Dabei ist allerdings zwischen vorübergehenden und permanent existenten Störfaktoren zu unterscheiden. Erstere verschwinden mit der Zeit wieder (Verletzung, Krankheit), während die Letzteren nicht geändert werden können und daher entscheidende Faktoren bei der Planung sind (andauernde Folgen von Unfällen oder Krankheiten, angeborene Behinderungen usw.).

Motivation

Jeder Trainer merkt rasch, dass ein motivierter und interessierter Sportler einen großen Trainingseifer und große Übungsbereitschaft zeigt. Daher sollten, sobald Motivationsdefizite festgestellt werden, diese sofort behoben werden.
Im Allgemeinen gilt die Motivation als gegeben, wenn jemand seine Leistung auf freiwilliger Basis verbessert. Dies ist jedoch nicht immer der Fall. Vor allem dann nicht, wenn ein großer Einfluss von Dritten (Eltern, Freunde usw.) besteht.
Die Motivation kann während des Trainingsprozesses auf unterschiedliche Weise gefördert werden. Geeignet sind hier sportliche, spielerische oder emotionale Mit-

tel. Die sportliche Motivation strebt nach Leistung und somit nach Verbesserung der Bewegungsausführung bzw. Bewegungshandlung. Auf spielerische Weise werden Vergnügen und Training verknüpft. Eine emotional begründete Motivation strebt die persönliche Zufriedenheit an. Diese kann sich in der Freude über die Selbstüberwindung, dem Aufbau von Freundschaften, sozialer Kontaktaufnahme äußern.
Ganz allgemein konzentriert sich das Training auf die Entwicklung der Fähigkeiten einer Person, die sportliche Interessen verfolgt. Bei der Trainingsplanung darf nicht die Motivation übersehen werden, die der Kletterer für die Leistungsrealisierung mitbringt.

Persönliche Beziehungen

Besonders wichtig ist es, die sozialen Fähigkeiten und das soziale Verhalten des Kletterers zu kennen. Neben dem Verhalten sich selbst gegenüber geht es dabei auch um die Beziehungen, die zu anderen bestehen (Verhältnis zu anderen Kletterkollegen, Seilpartner, Trainer). Diese sozialen Bindungen sind z. B. bei der Zusammenstellung von Seilschaften zu berücksichtigen.
Auch bei der Akzeptanz von Korrekturen spielt das Verhältnis, das zwischen den Parteien besteht, eine nicht unerhebliche Rolle.

Theoretische Kenntnisse

Theoretische Kenntnisse machen dem Kletterer den Trainingsprozess transparenter und fördern somit auch die Bereitschaft bei der Durchführung. Gerade im Bereich der Sicherungstechnik sollten fundierte Kenntnisse vorhanden sein, da nur so mögliche Gefahrenquellen rechtzeitig erkannt und beseitigt werden können.

Die Mittel

Verfügbare Zeit

Die zeitliche Gestaltung der Trainingsplanung kommt in der »Periodisierung« zum Ausdruck. Unter der Trainingsperiodisierung versteht man dabei die phasenförmige Veränderung von Teilzielen, Inhalten, Methoden sowie der Organisation des Trainings. Für eine sinnvolle zeitliche Aufteilung des Trainings muss zuerst der gesamte zur Verfügung stehende Zeitrahmen festgelegt werden. Dieser langfristige Zeitraum umfasst meist ein Jahr, teilweise aber auch mehrere Jahre (z. B. Planung eines 4-jährigen Olympiazyklus). Hier wird das langfristig angestrebte Trainingsziel (Trainingsleitziel) fixiert. In weiteren Schritten werden dann die mittel- und kurzfristigen Trainingszeitabschnitte definiert. Die mittelfristige Trainingsplanung bezieht sich dabei auf den Zeitraum von mehreren Monaten (Makrozyklus), die kurzfristige umfasst in etwa eine Woche (Mikrozyklus). Im Rahmen der mittel- und kurzfristigen Trainingsplanung erhält das Trainingsleitziel eine Konkretisierung dahingehend, dass Teilziele definiert werden, über die das Leitziel erreicht wird. Weiter ist festzustellen, wie viel Zeit pro Trainingseinheit zu Verfügung steht und zu welcher Tageszeit trainiert werden kann.

Finanzielle Mittel

Die finanzielle Belastung, die durch das Training und die Wettkämpfe entsteht, muss auch in der Trainingsplanung berücksichtigt werden. Hierbei handelt es sich z. B. um Materialkosten, Eintrittsgebühren in die Kletterhalle, Fahrtkosten, Übernachtungsgebühren etc. Diese Kosten müssen im Einzelnen bekannt sein, um konsequent planen oder – warum nicht – nach Alternativen für die Finanzierung suchen zu können.
Eine gute Einteilung und etwas Phantasie können in vielen Fällen fehlende finanzielle Mittel ersetzen.

Verfügbares Material

Die Kenntnis über zur Verfügung stehendes Material ist für die konkrete Festlegung der Trainingsinhalte notwendig. Ausgehend von der geplanten Durchführung muss vor dem Training überprüft werden, ob dieses realisierbar ist oder an fehlenden Trainingsmitteln scheitert.

Räume

Die Ausbildung spezifischer Trainingsziele erfordert spezifische Bedingungen. So kann z. B. ein Überhangtraining nicht in einer senkrechten, kleingriffigen Wand absolviert werden. Das heißt, eine genaue Kenntnis über verfügbare Wandstrukturen, ihre Größe, Nutzungsmöglichkeit etc. ist erforderlich, wenn die zu realisierenden Trainingsinhalte festgelegt werden. Zudem gestaltet sich das Training in der Kletterhalle an künstlichem Material anders als im Freien am Fels. Zum einen verändert sich etwas die Klettertechnik durch meist aufgeschraubte Griffe und Tritte, die sich zudem noch farblich abheben. Zum anderen sind in der Halle die Umgebungsbedingungen zu jeder Tages- und Nachtzeit relativ konstant. Beim Klettern im Freien müssen vor allem bei Mehrseillängenrouten die Faktoren Witterungsverhältnisse und Zeit mit eingeplant werden, so dass unter Umständen kurzfristige Veränderungen in der Trainingsplanung vorzunehmen sind.

Lehrer und Helfer

Die Qualifikation des Trainers spielt mit eine entscheidende Rolle bei der Leistungsentwicklung des Athleten. Zusätzlich sollte auch die Hilfe von Spezialisten

Der Kletterer	Mittel
Allgemeines psychomotorisches Niveau	Verfügbare Zeit
Kletterniveau	Finanzielle Mittel
Störgrößen	Verfügbares Material
Motivation	Räumlichkeiten
Interessen	Lehrer und Helfer
Persönliche Beziehungen	
Theoretische Kenntnisse	

Faktoren, die die Trainingsplanung für einen Sportler beeinflussen

wie Masseur, Physiotherapeut, Traumatologe, Physiologe, Ernährungsberater, Psychologe, Techniktrainer, Biomechaniker usw. in Anspruch genommen werden.
Nur die konstruktive Zusammenarbeit aller am Trainingsprozess Beteiligten (Kletterer, Trainer, Spezialisten) garantiert eine optimale Leistungsentwicklung.

Festsetzen von Zielen

Das Planen des Trainings, ausgehend von einem festgesetzten Ziel (Trainingsleitziel), stellt eine vernünftige Vorgehensweise dar, den Prozess der Leistungssteigerung zu strukturieren. Oft ist zu beobachten, dass gerade dieses zielorientierte planvolle Handeln dem Klettertraining fehlt. Sich Ziele zu setzen bedeutet, mit Absicht zu handeln, Handlungsstrategien zu entwerfen und zu wissen, wofür man trainiert.

Trainingsziele (unvollständige Auflistung, die als Beispiel dienen soll)

Allgemeine Ziele	Spezifische Ziele	Ziele in der Anwendung
Entwickeln der spezifischen motorischen Techniken beim Freiklettern	Verbessern der Technik bei senkrechtem bis geneigtem Klettergelände (Plattenklettern)	Frontale Fortbewegung
		Fußreibung
		Blockieren
		Frontales tiefes Blockieren
		Seitliches Blockieren
		Stützen
		Lolot
		Manteln
		Hände kreuzen oben
		Hände kreuzen unten
		Füße kreuzen innen
		Füße kreuzen außen
		Handwechsel
		Fußwechsel
		Heelhook
		Bewältigung
		Heelhook-Klimmzug
		Sprung
		usw.
	Verbessern der Technik beim Rissklettern	Piaztechnik an Untergriff
		Piaztechnik an Seitgriff
		Piaztechnik an formlosem Griff
		Klemmtechnik mit exzentrischem Gegendruck
		Klemmtechnik mit Gegendruck von Körperabschnitten
		Handriss
		Fußriss
		Fingerriss
	usw.	usw.

Trainingsziele (Fortsetzung)

Allgemeine Ziele	Spezifische Ziele	Ziele in der Anwendung
Seilschaftstraining	Kennenlernen spezifischer Seilkommandos	Erfinden visueller Codes
		Erfinden von taktilen Codes
		Erfinden von akustischen Codes
		usw.
	Durchführen spezifischer Seilkommandos	Seil je nach Aktionen des Gefährten einholen
		Seil je nach Aktionen des Gefährten nachlassen
		Seil notfalls blockieren
		usw.
Kennenlernen des Materials	Kennenlernen der Materialtypen	Kenntnisse zu Fortbewegungsmaterial
		Identifizieren von Sicherungsmaterial
		Bewertung von Material für größere Bequemlichkeit
		usw.
	Kennenlernen der Materialeigenschaften	Kenntnisse über die mechanischen Materialeigenschaften
		Ausnutzen der Vielseitigkeit der Materialeigenschaften
		Erkennen der Materialeigenschaften für größere Bequemlichkeit
		usw.
	Kennenlernen der Materialpflege	Pflege der mechanischen/strukturellen Materialeigenschaften
		Aufbewahrung des Materials
		Reinigung des Materials
		usw.
Beherrschung und Kontrolle negativer Emotionen	Kontrolle der Angst	Aufrechterhalten der Sinneswahrnehmung
		Aufrechterhalten des Denkvermögens
		Aufrechterhalten des richtigen Muskeltonus
		Steigern der Konzentration
		usw.
	Kontrollieren der äußeren Ablenkung	Geeignete Reaktion auf äußere Beeinflussung
		Steigern der Aufmerksamkeit
		usw.
	usw.	
usw.		

Eine Leistungssteigerung ist immer verbunden mit der Veränderung von Verhaltensweisen. Welcher Art die Leistungssteigerung sein soll, das muss vom Trainer oder Kletterer selbst definiert werden. Somit beruhen die Veränderungen auf einem planmäßigen Prozess und sind nicht zufälliger Natur.
Das an individuellen Zielen orientierte Trainingshandeln ermöglicht zudem eine auf den einzelnen Kletterer zugeschnittene Trainingsplanung und -durchführung. Die Zielsetzung erfolgt hierbei in allen vier Trainingsbereichen (Technik, Taktik, Kondition und Psyche), wobei diese Bereiche je nach Leistungsniveau, persönlichen Defiziten etc. unterschiedliche Gewichtung erfahren. Aber auch im Rahmen der langfristigen Periodisierung verändern sich die Anteile der einzelnen Bereiche am Gesamttraining. So kann z. B. am Anfang der Jahresperiodisierung der Schwerpunkt auf den konditionellen und anschließend auf den technisch-taktischen Bereich gesetzt werden.
Die definierten Ziele müssen, damit man sie auch umsetzen kann, folgende Eigenschaften erfüllen:
– Sie müssen klar formuliert sein.
– Sie müssen anspruchsvoll, gleichzeitig aber erreichbar sein.
– Sie müssen messbar sein.

Trainingsplanungsabschnitte Mehrjahresplan, Jahresplan, Makrozyklus, Mesozyklus, Mikrozyklus, Trainingseinheit

Der Trainingsprozess ist keine kurzfristige Angelegenheit, sondern erstreckt sich normalerweise über mehrere Jahre, eventuell sogar über 1–2 Jahrzehnte. Innerhalb dieses langfristigen Zeitraums sind zwei Zeitabschnitte zu unterscheiden. Der erste bezieht sich auf eine kontinuierliche Leistungssteigerung, der zweite auf die Phase eines Leistungserhalts auf höchster Ebene. Im zweiten Abschnitt ist der messbare Leistungszuwachs dann nur noch minimal. Zudem verändert sich die inhaltlich-methodische Gestaltung des Trainings mit steigendem Leistungsniveau bzw. Trainingsalter (Anzahl der Jahre, die schon trainiert wird). Dies wird besonders in der zunehmenden Spezialisierung deutlich. Im ersten Abschnitt (Grundlagentraining) stehen die Entwicklung der motorischen Fähigkeiten, der Technikerwerb sowie eine allgemeine körperliche Ausbildung im Vordergrund. Die zeitliche Abfolge der Trainingseinheiten ist intensitäts- und umfangsmäßig so zu konzipieren, dass zwischen den Trainingseinheiten eine vollständige physische und psychische Erholung möglich ist.
Die notwendige kletterspezifische Spezialisierung erfolgt dann im Nachwuchs- und Hochleistungstraining. Sie erfordert zwangsläufig höhere Trainingsintensitäten sowie eine deutliche Steigerung des Trainingsumfangs. Im Vordergrund steht hier die optimale Ausbildung individueller Fähigkeiten auf höchstem Spezialisierungsniveau.

Mehrjahresplan

Der Mehrjahresplan hat die Funktion eines sportartspezifischen und leistungsniveaudifferenzierenden Trainingsmodells, an dem sich die Trainingsplanung orientieren soll. Hier wird die Gestaltung des langfristigen Trainingsaufbaus perspektivisch festgelegt, wobei Traininingziele und Trainingsinhalte global skizziert werden. Der Mehrjahrestrainingsplan lässt sich klar in einzelne Jahrespläne gliedern.

Jahresplan

Wie der Name bereits sagt, umfasst der Jahresplan einen Zeitraum von einem Jahr. Er beschreibt das Trainingsprogramm für den Jahreszyklus. In vielen Fällen entspricht er dem, was die Sportorganisationen als Saison bezeichnen, auch wenn er vielleicht nicht mit einem Kalenderjahr von zwölf Monaten von Januar bis Dezember übereinstimmt. Grob strukturiert kann man den Jahresplan in eine Vorbereitungsperiode, eine Wettkampfperiode und eine Übergangsperiode gliedern. In der Vorbereitungsperiode (oft in 2–3 Abschnitte Vorbereitungsperiode 1, 2 und 3 unterteilt) wird das Ziel verfolgt, grundlegende konditionelle und technisch-taktische Voraussetzungen zu schaffen. Die Wettkampfperiode umfasst die Zeitdauer der Wettkämpfe. Die Übergangsperiode dient der aktiven Erholung, dabei wird bewusst ein Leistungsrückgang in Kauf genommen.
Die Orientierungsgrößen für den Jahresplan bilden die Saisonhöhepunkte, z. B. ein ausgedehnter Kletterurlaub oder die Teilnahme an einem Wettkampf. Deutlich eingeengter gestaltet sich die Jahresplanung, wenn z. B. Wettkämpfe über die gesamte Saison verteilt stattfinden (z. B. Teilnahme an den Wettkämpfen zur deutschen Meisterschaft sowie auf internationaler Ebene am Weltcup und an anderen Großveranstaltungen). Im Nachwuchsbereich wird die Stukturierung des Jahresplans weitgehend durch den Schulbetrieb bzw. die Schulferien, evtl. als Trainingspause genutzt, bestimmt.

Makrozyklus

Der Makrozyklus umfasst den Zeitbereich von einem bis zu mehreren Monaten. Die Unterteilung eines Trainingsjahres in Makrozyklen ist dahingehend sinnvoll, da innerhalb eines Makrozyklus klar definierte Teilziele erreicht werden sollen. So lässt sich ein 8-wöchiger Makrozyklus mit dem Teilziel »Steigerung der Maximalkraft über die Muskelhypertrophie« klar von einem 4-wöchigen Makrozyklus mit der Zielsetzung »Steigerung der Maximalkraft über intramuskuläre Koordinationsverbesserung« abgrenzen. Innerhalb eines Makrozyklus können mehrere Teilziele gleichzeitig verfolgt werden (z. B. neben der Kraftsteigerung auch Verbesserungen in der Tritttechnik). Wie aus dem oben genannten Beispiel ersichtlich, variiert die Dauer der einzelnen Makrozyklen. Bestimmt wird sie vor allem durch die Dauer der Adaptionprozesse biologischer Systeme. Die Veränderungen, die innerhalb eines Makrozyklus angestrebt werden, können nur dann als stabil angesehen werden, wenn die nötigen Adaptionsprozesse auch beendet sind. Makrozyklen, die zu kurz angesetzt sind, unterbrechen somit die Anpasssung.

Auch wenn die Makrozyklen in Dauer, Anzahl und Zieldefinierung während mehrerer Saisons unterschiedlich sind, so kann ihr struktureller Aufbau doch Ähnlichkeiten aufweisen. Kennzeichen aller Makrozyklen stellt zumindest der progressive Aufbau dar, der Voraussetzung für eine Leistungssteigerung ist.

Mesozyklus

In der Trainingspraxis wird weitgehend nicht mehr zwischen Makro- und Mesozyklus unterschieden. Der Mesozyklus umfasst drei bis sechs Trainingswochen. Ein Makrozyklus besteht somit aus mehreren Mesozyklen. Diese wiederum bilden relativ geschlossene Einheiten innerhalb des Trainingsprozesses, da sie auf die Entwicklung konkreter Fähigkeiten abzielen.
Ebenso wie die Makrozyklen können die Mesozyklen unterschiedliche Ziele verfolgen, so dass sich aus der inhaltlichen Schwerpunktlegung auch eine veränderte Belastungsstruktur ergibt.

Mikrozyklus

Die Zielsetzung im Makrozyklus und Mesozyklus gibt die Konzeption der betreffenden Mikrozyklen vor, welche Trainingsinhalte hier Hauptbestandteil und mit welchen Belastungsumfängen diese zu trainieren sind. Im Mikrozyklus selbst werden die Anzahl und die Zeitpunkte der einzelnen Trainingseinheiten festgelegt. Weiter werden die Trainingsinhalte den einzelnen Trainingseinheiten zugeordnet und die in den Trainingseinheiten zu absolvierenden Belastungsumfänge angegeben. Die letzte Konkretisierung der Mikrozyklusgestaltung erfolgt dahingehend, dass geregelt wird, mit welcher Belastungsintensität diese Umfänge dann absolviert werden.
Das Hauptproblem bei einer effektiven Mikrozyklusplanung besteht in der Dynamik der gesamten Belastungsanforderungen. So müssen Ermüdungs- und Regenerationsprozesse genau berücksichtigt werden. Es wird angenommen, dass in den ersten Trainingseinheiten eines Mikrozyklus die belastungsbedingte Leistungsminderung noch rasch kompensiert werden kann, in der zweiten Hälfte des Mikrozyklus sich aber dann die aus den Belastungen resultierenden Beanspruchungen aufsummieren und somit eine verminderte Leistungsfähigkeit vorliegt. Für eine vollständige Regeneration ist dann eine längere Entlastungsphase notwendig. In der Trainingspraxis wird daher nach 2–3 Mikrozyklen ein Entlastungmikrozyklus mit deutlich reduziertem Trainingsumfang und reduzierter Trainingsintensität eingeschoben.
Die Mikrozyklen werden je nach Zielsetzung in Anpassungs-, Belastungs-, Intensiv-, Vorbereitungs-, Wettkampf- und Regenerationszyklus eingeteilt.
Die Anpassungszyklen zeichnen sich durch ihr niedriges Belastungsniveau aus, wodurch der Organismus auf ein intensives Training vorbereitet werden soll. Sie werden in der Übergangsphase eingesetzt.
Die Belastungszyklen arbeiten mit mittlerer bis hoher Belastung und streben die Leistungssteigerung des Sportlers an.
Die Intensivzyklen arbeiten mit höchsten Belastungen, sowohl bezüglich des Umfangs als auch bezüglich der Intensität und beanspruchen den Organismus des

Kletterers enorm. Der Körper reagiert darauf dann mit beanspruchungsspezifischen Adaptionen.
Die Vorbereitungszyklen verwenden spezifische Belastungen mit hohem Praxisbezug, so dass der Sportler auf die Hochleistungsbedingungen vorbereitet wird.
Die Wettkampfzyklen enthalten in ihrer Organisation die wichtigsten Ereignisse. Hierunter fallen sowohl Wettkämpfe wie auch Klettertouren an der persönlichen Leistungsgrenze.
Der Regenerationszyklus darf den Kletterer nur wenig beanspruchen und besteht vor allem aus Trainingseinheiten mit aktiver Erholung. Eine optimale Regeneration ist dann erreicht, wenn weder im physischen noch im psychischen Bereich Defizite vorhanden sind.

Beispiele für die zeitliche Aufteilung der Trainingsplanung

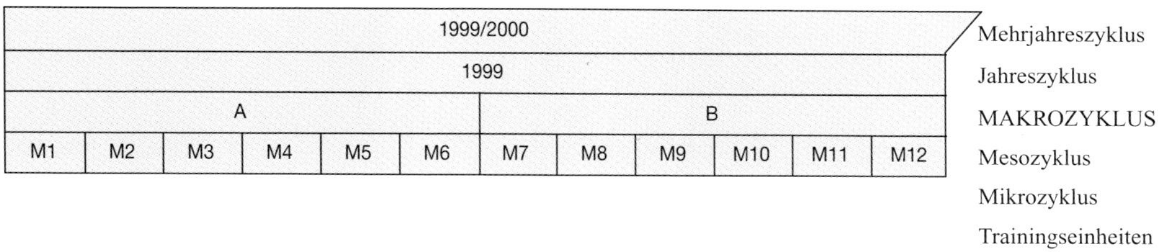

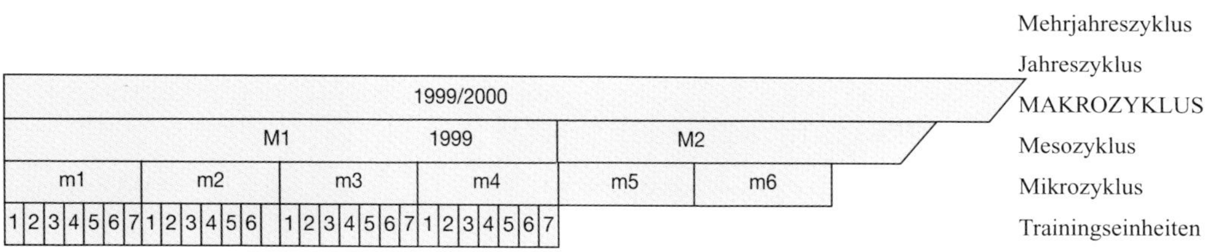

Trainingseinheit

In der Trainingseinheit findet dann der konkrete Trainingsvollzug statt. Das Handeln in der Trainingseinheit ergibt sich hauptsächlich durch die Auswahl der Trainingsinhalte und Trainingsmethoden. Aufgebaut wird die Trainingseinheit aus drei Abschnitten – dem Einleitungsteil, dem Hauptteil und dem Schlussteil –, die in der Reihenfolge nicht verändert werden können.
Der Einleitungsteil beinhaltet das Aufwärmen. Wegen der Bedeutung für die Trainings- und Wettkampfrealisation wird dem Aufwärmen ein eigenes Kapitel gewidmet.
Im Hauptteil können ein oder mehrere Aufgabenlösungen angestrebt werden. Auch hinsichtlich der zeitlichen Gestaltung variiert der Hauptteil stark.
Der Schlussteil hat als Aufgabe, den Organismus auf ein niedrigeres Aktivierungsniveau zu bringen und somit die Regenerationsprozesse zu beschleunigen. Oft wird allerdings die Bedeutung dieser Phase übersehen und das Training nach Beendigung

des Hauptteils abgebrochen. Besteht der Hauptteil der Trainingseinheit aus minimalen psychophysischen Anforderungen, wie sie z. B. bei einer Entspannungsstunde oder beim mentalen Training gegeben sind, so liegt hier die Aufgabe des Schlussteils dann im Anregen der funktionalen Systeme.
Hinsichtlich der Trainingsfrequenz (Trainingshäufigkeit pro Woche) darf folgender entscheidender Aspekt nicht außer Acht gelassen werden: der Organismus reagiert auf Belastungen mit individuell unterschiedlicher Beanspruchung. Der Grad der Beanspruchung ist dabei mit von der Leistungsfähigkeit, aber auch von der kurzfristigen Erholungsfähigkeit abhängig. Je größer die Beanspruchung ist, umso mehr werden die funktionalen Systeme gefordert und umso länger dauern die Regenerationsprozesse.

Strukturelle Gliederung der Trainingseinheit

Einleitungsteil	**Hauptteil**	**Schlussteil**
• Aerobe Dauerübung	Übung 1	Dehnen
• Mobilisierung der Gelenke	Übung 2	Entspannen
• Allgemeine Dehnübungen	Übung 3	Massage
• Spezifische Übungen	Übung 4	Auswertung der Stunde
• Pause	usw.	usw.

Planungskriterien

Komplexität des Trainings

Alle Fähigkeiten des Kletterers müssen bei der Trainingsplanung und -durchführung berücksichtigt werden, damit sie auf homogene Weise verbessert werden. Sollte sich eine Fähigkeit dominant ausbilden, so ist festzustellen, ob durch diese Dominanz die komplexe Leistungsentwicklung beschränkt wird (z. B. übermäßige Kraftfähigkeiten, die die Technikentwicklung behindern). Besteht ein solch negativer Einfluss, müssen Bedingungen geschaffen werden, dass diese dominant entwickelte Fähigkeit vermindert eingesetzt werden kann (z. B. bei übermäßiger Kraftentwicklung Klettern von kleingriffigen Platten).

Spezifität der Planung

Die Trainingsplanung muss spezifisch und individuell sein. Eine Planung, die sich jedes Jahr wiederholt, ist nicht mehr spezifisch. Das Gleiche gilt, wenn ein Trainingsplan für verschiedene Personen gültig sein soll.

Belastungshöhe

Die Trainingsbelastung muss immer mindestens so hoch sein, dass sie einen wirksamen Trainingsreiz, der für Adaptionen notwendig ist, darstellt.

Möglichkeit der Belastungssteigerung

Für eine vernünftige Belastungssteigerung im Training können folgende Faktoren geändert werden:
- die Anzahl der Trainingseinheiten pro Woche
- der Umfang und die Intensität der Übungen
- die Spezifität der Übungen
- die Methoden
- Verkürzung der Pause zwischen den Belastungen.

Die Belastungssteigerung sollte zuerst über die Zunahme der Trainingseinheiten pro Woche sowie den Trainingsumfang in der Trainingseinheit erfolgen. Die Steigerung der Intensität ist äußerst dosiert und erst dann vorzunehmen, wenn Änderungen bei den anderen Faktoren nicht mehr möglich sind.

Quantifizierung der Belastung

Die Gesamttrainingsbelastung resultiert aus der Summe der Einzelbelastungen. Diese können sein: Mehrseillängenrouten, mehrere Einseillängenrouten, Summe aller Boulderzüge etc. Die Belastung wird entweder in Prozent zur Maximalbelastung oder nominell durch die Rangstufen maximal, submaximal, mittel, leicht und gering ausgedrückt.

Kenntnis des höchsten Grades

Zur Planung und Kontrolle des Trainings ist es notwendig, den höchsten Schwierigkeitsgrad zu kennen, den ein Kletterer bewältigen kann. Unter dem höchsten Grad versteht man denjenigen Schwierigkeitsgrad, der regelmäßig bewältigt werden kann (beherrschter Höchstgrad). Natürlich muss dabei unterschieden werden, ob es sich um einen höchsten Leistungsgrad beim *On-sight*-Klettern handelt oder ob die Route ausgearbeitet und eintrainiert wurde. Die erreichte Schwierigkeit ist beim Work-out immer höher als bei einer On-sight-Begehung.

Die Belastung beim On-sight-Klettern

Da jede Kletterroute bewertet ist, entspricht beim *On-sight*-Klettern die Schwierigkeit der Kletterroute einem bestimmten Prozentsatz der individuellen Höchstleistung. Diese Höchstleistung (= 100 Prozent) errechnet sich aus Routen ähnlicher Charakteristik (Überhang, Griffe, Risse oder Löcher ...), die der Kletterer schon on-sight geklettert ist.
In der folgenden Grafik wird der Zusammenhang zwischen dem individuellen Höchstschwierigkeitswert und den zugehörigen Prozentsätzen angegeben.

	6a	6a+	6b	6b+	6c	6c+	7a	7a+	7b	7b+	7c	7c+	8a	8a+	8b	8b+	8c	8c+
8c+																		100
8c																	100	83
8b+																100	83	69
8b															100	83	69	57
8a+														100	83	69	57	48
8a													100	83	69	57	47	40
7c+												100	82	69	57	48	40	
7c											100	83	69	57	47	40		
7b+										100	82	69	57	47	40			
7b									100	83	70	57	47	40				
7a+								100	83	70	57	48	40					
7a							100	82	68	57	47	40						
6c+						100	84	69	57	48	40							
6c					100	81	69	56	47	40								
6b+				100	84	68	58	47	40									
6b			100	81	69	55	47	40										
6a+		100	86	69	58	47	40											
6a	100	83	71	58	48	40												

Bewertungstabelle zur Einordnung der Kletterleistung beim On-sight-Klettern in Bezug zur maximal bewältigten On-sight-Schwierigkeit (Angaben in Prozent, 100% = höchste gekletterte On-sight-Schwierigkeit)*

Die Routen, bei denen der Prozentwert unter 40 Prozent liegt, werden nicht aufgeführt, da anzunehmen ist, dass sie keine effiziente Trainingsbelastung mehr darstellen. Ebenso sind Werte über 100 Prozent theoretisch unmöglich. Es kann zwar in Einzelfällen vorkommen, dass der bei der On-sight-Begehung bewältigte Schwierigkeitsgrad den individuellen Höchstschwierigkeitsgrad übertrifft. Da es sich dabei um eine maximale Anstrengung handelt, wird für so einen Fall auch der Wert 100 Prozent vergeben.

Die Belastung beim Work-out-Klettern

Auch die Routen, die eingeübt werden, sind Trainingsbelastungen. Zur Feststellung der Gesamtbelastung darf hier nur die effektive Belastungsdauer veranschlagt werden, das heißt, die Pausenzeiten zwischen den Versuchen werden nicht mitberechnet. In der folgenden Grafik werden die Kletterbelastungen auf die individuelle Höchstleistung (= 100 Prozent), die sich aus dem beherrschten Schwierigkeitsgrad (s.o) errechnet, bezogen und in Prozent zu dieser Höchstleistung angegeben. Auch hier werden Belastungen mit einem Intensitätswert unter 40 Prozent nicht berücksichtigt. Beim Eintrainieren von Kletterrouten ist ein Überschreiten der 100-Prozent-Marke möglich. Für jede Trainingseinheit wird die Intensität bestimmt, unabhängig davon, ob die Arbeitsroute in einem Zug durchklettert wurde oder nicht. Wird eine Route über längere Zeit (Wochen, Monate) immer wieder erfolglos probiert, so muss man bei der Intensitätsberechnung eventuell berücksichtigen, dass sich das maximale On-sight-Leistungsniveau verändern kann.
Zusätzlich muss man berücksichtigen, dass bei gleichem Schwierigkeitsgrad eine On-sight-Leistung immer höher einzustufen ist.

	6a	6a+	6b	6b+	6c	6c+	7a	7a+	7b	7b+	7c	7c+	8a	8a+	8b	8b+	8c	8c+
8c+																		92
8c																	90	15
8b+																88	73	60
8b														100	84	70	58	48
8a+													98	82	68	57	47	40
8a												96	79	66	55	45	40	
7c+											92	76	63	52	44			
7c										90	73	62	51	42				
7b+								100	86	72	59	49	41					
7b							100	84	70	58	48	40						
						97	82	67	56	47	40							
7a+					93	76	64	53	50									
7a				92	77	63	53	44										
6c+		100	90	73	61	50	42											
6c	100	83	71	58	48	40												
6b+	80	67	57	46	40													
6b	67	55	48	40														
6a+	53	44	40															
6a	40																	

Bewertungstabelle zur Einordnung der Kletterleistung bei Work-out-Klettern in Bezug zur maximal bewältigten On-sight-Schwierigkeit (Angaben in Prozent, 100% = höchste gekletterte On-sight-Schwierigkeit)*

Die Belastung bei mehrmaligem Wiederholen einer Route

Wird eine Route aus Traininingszwecken mehrmals hintereinander geklettert, so werden die Bewegungen durch den Übungseffekt immer präziser ausgeführt. Die taktische Komponente rückt dabei in den Hintergrund, da die wesentlichen taktischen Knotenpunkte, z. B. Schüttelpositionen etc., bekannt sind. Auch die technische Komponente reduziert sich auf ein Minimum, weil die Bewegungsabläufe immer mehr automatisiert werden. In der folgenden Grafik (S. 114) wird die Belastungsintensität bei mehrmaliger Routenwiederholung in Bezug zur maximalen *On-sight*-Leistung dargestellt.
Die Wiederholung bereits bekannter Routen wird normalerweise in einer Art Seriensystem durchgeführt. In Abhängigkeit von der Anzahl der Wiederholungen verändert sich natürlich der realisierte Prozentsatz der Belastung.

Die Kondition muss in die Technik integriert werden

Die Entwicklung der konditionellen Fähigkeiten darf nicht isoliert geschehen, sondern die sich dadurch verändernden konditionell-energetischen Bedingungen müssen in die Technik integriert werden.

* Von den Autoren vorgeschlagene Daten, basierend auf statistischen Ergebnissen einer Untersuchung der ENSA (École Nationale de Ski et Alpinisme der französischen Föderation), an der hunderte von Kletterern teilnahmen.

	6a	6a+	6b	6b+	6c	6c+	7a	7a+	7b	7b+	7c	7c+	8a	8a+	8b	8b+	8c	8c+
8c+																		90
8c																	88	71
8b+																87	70	56
8b															85	69	55	44
8a+														84	68	55	44	
8a												100	83	66	53	43		
7c+											100	82	66	53	42			
7c										100	80	65	52	42				
7b+									97	78	63	51	41					
7b								100	78	63	51	41						
7a+							96	79	62	50	40							
7a						94	75	62	49	40								
6c+					93	74	58	48	40									
6c				92	73	58	46	40										
6b+			90	75	60	47												
6b		87	70	58	47													
6a+	83	62	50	42														
6a	66	50	40															

Bewertungstabelle zur Einordnung der Kletterleistung bei mehrmaliger Wiederholung der Kletterroute in Bezug zur maximal bewältigten On-sight-Schwierigkeit (Angaben in Prozent, 100% = höchste gekletterte On-sight-Schwierigkeit)*

Ein ausreichendes Niveau der allgemeinen aeroben dynamischen Ausdauer muss gegeben sein

Ein ausreichendes Niveau der allgemeinen aeroben dynamischen Ausdauer (Grundlagenausdauer) ist unerlässlich für die effiziente Entwicklung jeder anderen Fähigkeit. Zudem wird die schnellere Regeneration der kurz wie lang schwingenden Prozesse erreicht. Für die Trainingspraxis bedeutet dies, dass zum einen die Pausenzeit zwischen den einzelnen Versuchen reduziert, zum anderen die Trainingsfrequenz erhöht werden kann. Insgesamt werden größere Trainingsbelastungen toleriert.

Aerobe und anaerobe Energiebereitstellung

Beim Klettern liegt auf Grund des hohen Krafteinsatzes im Stoffwechsel immer ein anaerob-aerobes Mischungsverhältnis vor. Hinsichtlich des Trainings ist dabei zu beachten, dass eine hohe Entwicklung in der aeroben Energiebereitstellung die Abnahme in der anaeroben nach sich zieht (und umgekehrt). Da der aerobe Stoffwechsel als Basis zu sehen ist, sollte im Rahmen eines Trainingszyklus dieser zuerst entwickelt werden. Bei der anschließenden Ausbildung des anaeroben Stoffwechsels wird dann bewusst das Absinken im aeroben Bereich in Kauf benommen.

Anaerob-alaktazide und anaerob-laktazide Energiebereitstellung

Die Entwicklung der anaerob-alaktaziden und der anaerob-laktaziden Ausdauer erfolgt meist gleichzeitig. Je nach Trainingszyklus ergibt sich auch hier eine schwerpunktmäßige Ausbildung einmal in die alaktazide, dann wieder die laktazide Richtung.

Exakte Einhaltung der Pausendauer

Damit optimale Anpassungsprozesse im Organismus vonstatten gehen, müssen im Rahmen des Trainingsgeschehens Belastung und Entlastung (= Regenerationsphase) immer als Einheit gesehen werden. Die Anpassungen finden nicht in der Belastungs-, sondern in der Regenerationsphase statt. Somit ist entscheidend, dass die Regenerationzeiten eingehalten werden. Folgende Tabelle gibt Orientierungswerte an, mit deren Hilfe die zeitliche Aufeinanderfolge von Trainingseinheiten im Mikrozyklus festgelegt werden kann.

Zielsetzung der Einheiten	Mittlere Belastung	Bedeutende Belastung	Sehr starke Belastung
Ausdauerkrafttraining	10–12 Std.	18–20 Std.	24–36 Std.
Hypertrophietraining	36–48 Std.	48–60 Std.	60–72 Std.
Maximalkraftausdauer- und Kraftausdauertraining	36–48 Std.	48–60 Std.	60–72 Std.
Intramuskuläres Koordinationstraining	48–60 Std.	60–72 Std.	72–84 Std.
Technikerwerbs- und -anwendungstraining	6–12 Std.	12–24 Std.	24–48 Std.
Beweglichkeitstraining	6–12 Std.	12–24 Std.	24–48 Std.

Regenerationszeiten zwischen Trainingseinheiten in Abhängigkeit von Zielsetzung und erfolgter Beanspruchung

Trainingsbelastungen in einem Regenerationsmikrozyklus

Innerhalb eines Makrozyklus ist der Regenerationsmikrozyklus durch einen geringen Trainingsumfang gekennzeichnet. Dieser Entlastungszyklus wird nach etwa einem Drittel der Vorbereitungsphase eingeschoben, d. h. nach 3–4 Mikrozyklen (Mikrozyklus umfasst dabei 1 Woche). In diesem Zeitabschnitt ist es auch sinnvoll, die Trainingsmittel zu variieren (z. B. Wechsel des Klettergebietes) oder andere Sportarten auszuüben.

Je höher das Niveau, desto mehr Klettertouren

Die Erfahrung der letzten Jahre zeigen, dass auf hohem Leistungsniveau sich Leistungverbesserungen vor allem noch über die Steigerung des gesamten Trainingsumfangs erreichen lassen.

Dauer der Perioden

Die Vorbereitungsperiode muss ein- bis zweimal so lange wie die Wettkampfperiode dauern. In jedem Fall erfordert eine lange Wettkampfphase eine entsprechend längere Vorbereitungsphase. Die Übergangsperiode dazwischen muss zwischen drei und fünf Wochen dauern. Sie wird verkürzt auf ein bis drei Wochen, wenn zwei oder mehr Leistungsspitzen geplant werden.

Belastungsänderung in den Mesozyklen

In jedem Mesozyklus werden bei regelmäßigem und häufigem Training Umfang und Intensität alle drei Wochen geändert. Bei weniger regelmäßigem Training verlängert sich diese Zeit auf bis zu sechs Wochen.

Wirkung der Mikrozyklen

In der »Wettkampfphase« werden bei hochtrainierten Kletterern oft stabile Leistungsergebnisse erreicht, wenn zwei hintereinander folgende Mikrozyklen gleichen Inhalts trainiert werden. Bei leistungsschwächeren Kletterern ist es dagegen notwendig, Mikrozyklen mit verschiedenen Beanspruchungen abzuwechseln, so dass auf einen Mikrozyklus mit hoher Belastung ein Mikrozyklus mit reduzierter Belastung folgt.

Die Trainingsphase vor einer Höchstleistung

Etwa zwei Wochen vor der angestrebten Höchstleistung muss der Trainingsumfang reduziert werden, wobei der Einsatz spezifischer Übungen aufrechterhalten wird.

Dauer der Mikrozyklen

Vorschlag für eine prozentuale Aufteilung der Mikrozyklen über eine Saison für einen Kletterer:

Anpassungszyklus	8–10%
Belastungszyklus	30–36%
Intensivzyklus	20–26%
Vorbereitungszyklus	13–17%
Wettkampfzyklus	9–13%
Regenerationszyklus	8–12%

Ziele der Trainingseinheiten

Die Trainingseinheiten können so ausgelegt sein, dass sie ein einziges oder aber mehrere Ziele anstreben. Die Einheiten mit selektivem Ziel richten alle Übungen speziell auf das anvisierte Ziel aus, wobei unterschiedliche Methoden angewandt werden können. Eine Variation der Übungen ist schon aus Gründen der Motivation zu empfehlen. Zudem führt die Wiederholung von identischen Trainingeinheiten zu einer raschen Anpassung an die monotone Belastung und blockiert somit die weitere Leistungsentwicklung.

Bei Trainingseinheiten, bei denen mehrere Ziele gleichzeitig verfolgt werden, kann mit komplexen Übungen oder unterschiedlichen zielspezifischen Übungen trainiert werden. Auch hier können die Methoden variieren.

Bei Kletteranfängern führen Trainingseinheiten mit unterschiedlichen Zielsetzungen zu rascheren Fortschritten (andernfalls besteht das Risiko einer zu starken Erschöpfung). Auf hohem Niveau dagegen ist es ratsam, Trainingseinheiten mit einem einzigen Schwerpunkt zu planen. Die Monotonie sollte jedoch durch Trainingseinheiten mit komplexerer Zielsetzung unterbrochen werden.

Trainingseinheiten mit mehreren Zielen

Trainingseinheiten mit mehreren Zielen für hochtrainierte Kletterer sind nützlich, um ein zuvor erreichtes Leistungsniveau aufrechtzuerhalten. Sie sind daher besonders angebracht, wenn der Kletterer seine Leistungsfähigkeit über einen längeren Zeitraum (mehrerer Wochen) konservieren muss. Trainingseinheiten diesen Typs können auch im Rahmen der aktiven Erholung (Übergangsperiode) eingesetzt werden.

Einheiten je nach gesteckten Zielen und Anzahl der geplanten Übungen

Ziele der Trainingseinheit	Übungen in der Trainingseinheit	Zweck
Mehrere Ziele	Eine Übung	Aufrechterhalten des hohen Niveaus *Anfänger*
Mehrere Ziele	Mehrere Übungen	Aufrechterhalten des hohen Niveaus *Anfänger*
Ein Ziel	Eine Übung	Verbessern des hohen Niveaus *Von einer mehrfachen Wiederholung der gleichen Einheit wird abgeraten*
Ein Ziel	Mehrere Übungen	Verbessern des hohen Niveaus *Den vorigen vorzuziehen*

Von allgemeinen entwickelnden Übungen zu Wettkampfübungen

Mit Zunahme des sportlichen Leistungsniveaus erfolgt die Spezialisierung. Dies bedeutet, dass die Trainingsübungen ihren allgemeinen Charakter verlieren und sich immer mehr der Wettkampfübung annähern müssen. Durch diese Spezialisierung werden ganz spezifische Adaptionen hervorgerufen. Auf hohem und höchstem Leistungsniveau können nur noch über diese spezifischen Anpassungen weitere Leistungsfortschritte erreicht werden.

Bestandteile der Trainingseinheit

Jede Trainingseinheit muss einen klaren Aufbau aufweisen. Hierzu gehört auch die Dreiteilung der Trainingseinheit in Aufwärmen (Einleitungsteil), Hauptteil und Abwärmen (Schlussteil). Im Rahmen der Zeitersparnis werden oft sowohl das Auf- wie auch das Abwärmen nur sehr kurz oder gar nicht durchgeführt. Sich nicht aufzuwärmen bedeutet zum einen, bewusst ein höheres Verletzungsrisiko in Kauf zu nehmen, und zum anderen schlechte physiologische Voraussetzungen für ein effektives Training. Ungenügendes Abwärmen hingegen verlängert die Regenerationsprozesse unnötig.

Belastungsabfolge in einer Trainingseinheit

Die Belastungsabfolge wird durch die zu Grunde liegenden Energiebereitstellungsmechanismen bestimmt. In der Reihenfolge sollten zuerst alaktazide, dann laktazide und zuletzt aerobe Belastungen durchgeführt werden. Selbstverständlich finden diese nach dem Aufwärmen statt.

Zeitpunkt des Beweglichkeitstrainings

Ein Beweglichkeitstraining, das auf die Verbesserung der Gelenkamplitude abzielt, darf nicht nach einem Krafttraining oder anderen sehr intensiven Trainingsbelastungen stattfinden. Soll dagegen mit den Dehnungsübungen eine Entspannung erreicht werden, so können diese Dehnungsübungen jederzeit angewandt werden. Typisches Beispiel für einen Kletterer ist die Dehnung der Unterarmmuskulatur an einem Rastpunkt.

Der Lernprozess

Das Erlernen neuer Bewegungen (Techniktraining) oder Verhaltensweisen (Taktiktraining) muss in vereinfachter Situation und ohne Ermüdung stattfinden. Im weiteren Lernverlauf wird zuerst allmählich der Komplexitätsgrad und anschließend das Anforderungsniveau gesteigert. Teilweise wird dann sogar unter schwierigeren Bedingungen als in der Praxissituation geübt.

Regenerationsfördernde Maßnahmen

Zu den regenerationsfördernden Maßnahmen gehören neben Essen und Trinken die aktive Erholung (Übungen mit geringer Intensität), physiotherapeutische Behandlungen (Massage, Hydrotherapie, diverse Bestrahlungen usw.), Sauna, ausreichender Schlaf sowie der Verzicht auf (allenfalls mäßiger) Alkoholgenuss. Damit lässt sich die Regenerationszeit um bis zu 25 Prozent verkürzen.

Biorhythmus

Die Kletterer erreichen ihr höchstes Leistungsniveau zu dem Zeitpunkt des Tages, an dem sie normalerweise trainieren. Dieses Niveau kann aber noch optimiert werden, wenn der Trainingszeitpunkt mit dem Augenblick der maximalen physiologischen Aktivität übereinstimmt. Dieser liegt normalerweise um die Mittagszeit. Wenn zweimal täglich trainiert wird, scheinen die Leistungshöhepunkte zwischen 10 und 12 Uhr sowie zwischen 16 und 18 Uhr zu liegen.

Änderung der Trainingszeiten

Findet das Training zu geänderten Zeiten statt, so führt dies bei gleicher Trainingsbelastung anfänglich zu einer stärkeren Ermüdung des Kletterers. Nach etwas drei Wochen hat sich der Organismus vollständig auf diese Veränderung eingestellt.

Diese Zeitspanne der Anpassung ist zu beachten, wenn Trainingszeiten deshalb verändert werden, damit das Training möglichst zur gleichen Zeit absolviert wird, zu der die Kletterzeit bei einem wichtigen Wettkampf angesetzt ist. Zum Beispiel wird die Trainingszeit von Nachmittag auf den frühen Vormittag vorverlegt, weil die Qualifikationsrunde beim Wettkampf am Vormittag stattfindet.

Jetlag nach Westen

Um die Auswirkungen des Jetlags (funktionale Störungen auf Grund einer raschen Reise zu entfernten Orten) bei einer Reise nach Westen zu minimieren, sollte man ca. eine Woche vorher beginnen, täglich eine halbe Stunde später schlafen zu gehen; drei bis vier Tage vor dem Abflug Kaffee und Schokolade meiden; am Reisetag möglichst spät aufstehen und reichlich frühstücken; auf der Reise nur leichte Mahlzeiten einnehmen, wie Obst, Salat oder Gemüse; keinen Alkohol trinken und sich mit gymnastischen Übungen fit halten.

Jetlag nach Osten

Um die Auswirkungen des Jetlags bei einer Reise nach Osten zu minimieren, sollte man in der Woche zuvor beginnen, täglich eine halbe Stunde früher schlafen zu gehen; drei bis vier Tage vor Abflug Kaffee und Schokolade meiden; am Reisetag proteinhaltig zu Mittag und kohlenhydratreich zu Abend essen; am Reisetag früh aufstehen; auf der Reise leichte Mahlzeiten einnehmen, wie Obst, Salat oder Gemüse; keinen Alkohol trinken; sich mit gymnastischen Übungen fit halten und auf den Mittagsschlaf verzichten.

Trotz aller dargestellten Möglichkeiten zur Leistungsverbesserung muss man sich darüber im Klaren sein, dass trotz optimaler Vorbereitung des Kletterers letztendlich das von ihm erreichte Leistungsergebnis von vielen, auch nicht kalkulierbaren Faktoren abhängt. Mit entscheidend sind aber vor allem die Erfahrung und Intuition des Trainers und des Kletterers.

7 Das Aufwärmen

Alle Kletterer haben die Erfahrung gemacht, dass sie in der ersten Seillänge des Tages bei weiten nicht in der Lage sind, ihre wirkliche Leistungsfähigkeit zu erreichen. Der Organismus des Kletterers benötigt eine gewisse Anlaufzeit, in der durch progressive Belastung die Anpassung des Organismus an die Belastungssituation erreicht wird. Diese lässt sich durch ein effektives Aufwärmen erreichen.
Obwohl im Allgemeinen von Aufwärmen gesprochen wird (da sich die Körpertemperatur dabei fast immer erhöht), wäre es korrekter, von der Aktivierungsphase zu sprechen. Das Aufwärmen dient dazu, den Kletterer auf die nachfolgende Belastung (ob Training oder Wettkampf) sowohl im physischen wie auch im psychischen Bereich vorzubereiten.
Die positiven Effekte des Aufwärmens wirken sich auf alle Ebenen (physiologische, mechanische, psychologische, persönliche, technische, koordinative, taktische usw.) aus.
Durch das Aufwärmen werden folgende Wirkungen erzielt:

Wirkung auf die kardiovaskuläre Funktion

Körperliche Bewegung führt gegenüber dem Ruhezustand zu einer Steigerung des Energiebedarfs. Das Herz-Kreislauf-System als Transportsystem des Sauerstoffs muss deshalb seine Arbeitsleistung erhöhen, um den durch die Muskeltätigkeit gesteigerten Sauerstoffbedarf decken zu können. Dies äußert sich in der Zunahme des Herzminutenvolumens (Produkt aus Herzfrequenz und Schlagvolumen).

Auswirkungen auf das Atmungssystem

Die ventilatorische Kapazität nimmt mit der körperlichen Aktivität zu, und zwar stellen sich sowohl eine größere Atmungstiefe als auch eine höhere Atmungsfrequenz ein (bewegte Luftmenge und Rhythmus, in dem geatmet wird). Auf diese Weise wird dem Blut mehr Sauerstoff zugeführt und mehr Kohlendioxid abgeatmet.

Auswirkungen auf die Muskulatur

Die Temperaturerhöhung bewirkt eine Verminderung der Muskelviskosität und verbessert daher deren Elastizität. Somit reduziert sich das Risiko einer Muskelverletzung, und zudem wird eine höhere mechanische Leistung erreicht. Andererseits mobilisieren die stärkere Blutzirkulation und die größere Kraftanforderung den Muskelstoffwechsel und optimieren die Verstoffwechslung der Energiesubstrate. Auf neuromuskulärer Ebene verbessert das Aufwärmen die inter- und intramuskuläre Koordination, die Entspannungsfähigkeit und die Geschwindigkeit der Nervenleitungsgeschwindigkeit (Motorik und Gefühl). Alles dies führt zu einer Leistungssteigerung.

Auswirkungen auf psychische Parameter

Das Aufwärmen stellt sicher, dass ein optimaler Motivations- und Konzentrationszustand erreicht wird, da progressiv vom Ruhezustand zum Zustand höchster sportlicher Leistung übergeleitet wird.

Auswirkungen auf die soziale Beziehungen

Das Aufwärmen, speziell das Einklettern in einer Kletterroute, trägt dazu bei, die Kommunikation zwischen den Kletterpartnern sicherzustellen. So wird gewährleistet, dass z. B. Sicherungskommandos richtig verstanden werden und die Seilbedienung durch den Sichernden einwandfrei funktioniert. Zusätzlich wirkt sich eine harmonische Stimmung zwischen den Kletterern auch leistungsfördernd aus. Nicht zuletzt kann die Motivation von außen z. B. durch den Zuruf »Du schaffst es« die letzten Kraftreserven mobilisieren und zum erfolgreichen Abschluss einer Routenbegehung beitragen.

Auswirkungen auf die Koordination und die Technik

Durch das Aufwärmen wird auf koordinativer Ebene die Bewegungssteuerung verbessert. Durch das Ausführen von Bewegungen wird das motorische Gedächtnis aktiviert und gefordert. Zusätzlich werden die an der Bewegungsbahnung beteiligten Prozesse angeregt. Auch die geistige Auseinandersetzung mit den auszuführenden Bewegungen führt letztendlich zu einer besser koordinierten Bewegungsausführung.

Auswirkungen auf das taktische Verhalten

Unsicherheiten im taktischen Vorgehen werden durch das Aufwärmen reduziert, da während des Aufwärmens auch die Prozesse zur Entscheidungsfindung geübt werden. Ein gut aufgewärmter Kletterer ist somit in der Lage, schneller und zielgerichtet situationsgerechte Entscheidungen zu treffen.

Positive Effekte durch Aufwärmen

- ↑ der Herztätigkeit
- ↑ der Durchblutung
- Bessere Sauerstoffzufuhr
- ↑ der Zufuhr von Energiesubstraten
- ↑ der Körpertemperatur
- ↑ der ventilatorischen Kapazität
- ↓ der Muskelviskosität
- Verbesserung der intramuskulären Koordination

Positive Effekte durch Aufwärmen (Fortsetzung)

- Verbesserung der intermuskulären Koordination
- Verbesserung der Entspannungsfähigkeit
- ↑ der Nervenleitungsgeschwindigkeit
- ↑ der Konzentrationsfähigkeit
- ↑ der Motivation
- Verbesserung im psychischen Bereich
- Verbesserung im sozialen Verhalten
- Optimierung der Koordination und Technik
- Optimierung im taktischen Verhalten

Struktur des Aufwärmens

Das Aufwärmprogramm sollte als Ritual ablaufen. Nachfolgend wird der Ablauf eines Aufwärmprogramms vorgestellt, der sich als gut geeignet erwiesen hat. Hierbei ist allerdings zu beachten, dass diese Programmvorschläge nicht unreflektiert kopiert werden sollten, sondern dahingehend zu modifizieren sind, dass sie den individuellen Bedürfnisse angepasst sind. Dies bezieht sich vor allem auf die Dauer und Auswahl der Aufwärmübungen. Hier muss jeder Kletterer durch Ausprobieren verschiedener Aufwärmprogramme herausfinden, welches Aufwärmritual für ihn optimal ist. Hat sich so ein routinemäßiges Aufwärmprogramm entwickelt, sollte es möglichst in jeder Trainings- und Klettereinheit durchgeführt werden.
Die Dauer und Intensität des Aufwärmprogramms wird mit durch die Umgebungstemperatur bestimmt. Zusätzlich spielt die richtige Bekleidung, die die Funktion Warmhalten der Muskulatur erfüllen muss, eine wichtige Rolle. Für die Trainingsbekleidung empfehlen sich mehrere Schichten, so dass je nach Temperaturempfinden schnell Kleidung an- bzw. ausgezogen werden kann.
Das Aufwärmprogramm beginnt immer mit einer aeroben Dauerbelastung geringer Intensität. Als Übung eignen sich Laufen, Seilspringen, Berghochlaufen/-gehen, unter bestimmten Umständen ein Spiel usw. Sollte ein aerobe Dauerbelastung nicht möglich sein, so kann diese durch ein Einklettern in einer leichten Route ersetzt werden. Da die Bewegungskoordination noch nicht geschult ist, muss das Einklettern wohl dosiert und mit größter Vorsicht erfolgen. Auf keinen Fall sollten hier Grenzbelastungen erreicht werden. Diese aerobe Aufwärmphase sollte in etwa 10 Minuten dauern und wenn möglich die Herzfrequenz auf 120–140 Schläge/Minute ansteigen lassen.
Anschließend folgt das Beweglichkeitstraining, wobei durch kontrolliert ausgeführte kreisende, wippende und federnde Bewegungen die relevanten Gelenke mobilisiert werden. Die Intensität wird dabei allmählich gesteigert. Für die Durchführung des Beweglichkeitstrainings bietet sich an, einen routinemäßigen Ablauf festzulegen und diesen auch durchzuführen (zum Beispiel mit den Übungen bei Kopf und Halswirbeln anfangen und bei den Knöcheln und Füßen aufhören). Ergänzt werden sollte das dynamische Beweglichkeitstraining durch statische Dehnübungen.

Ablaufschritte beim Aufwärmen

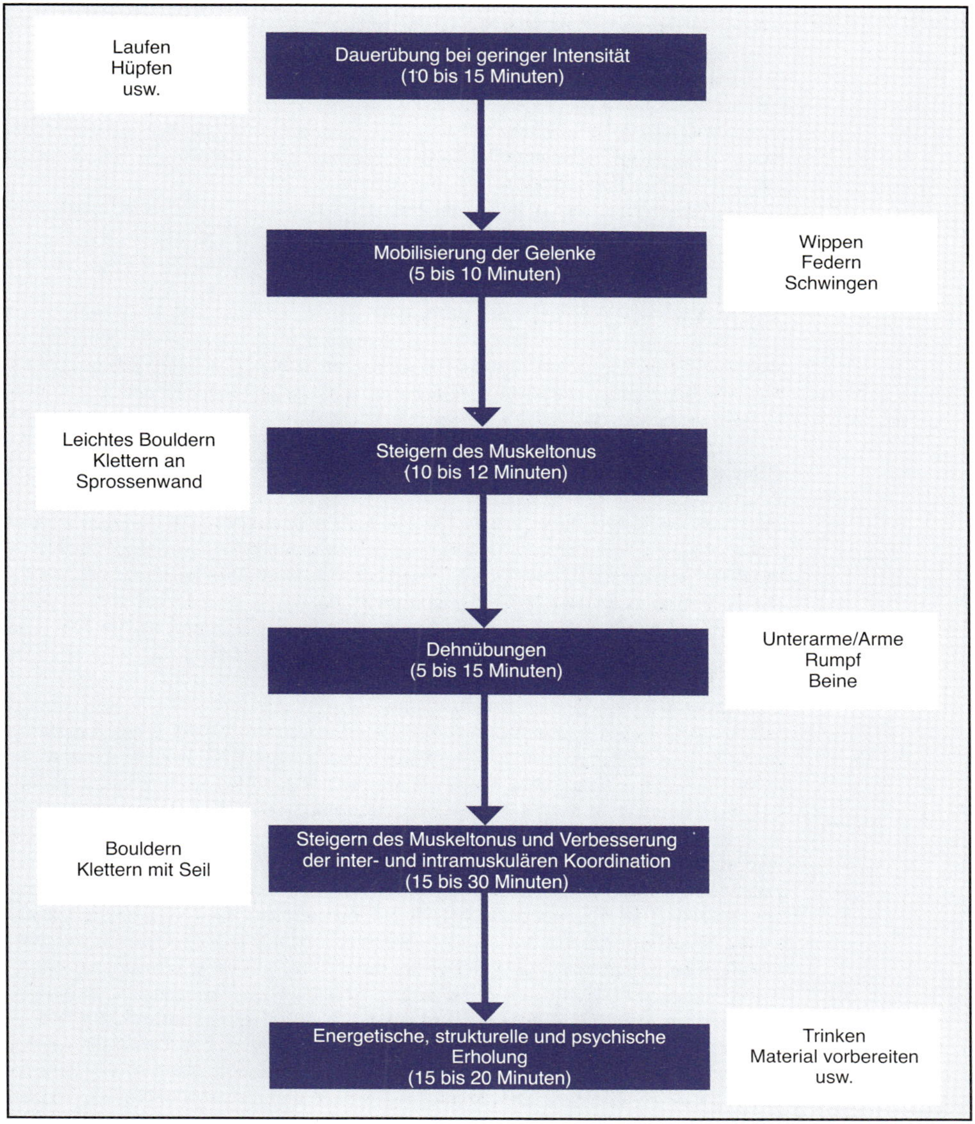

Den abschließenden Teil des Aufwärmprogramms bildet das Einklettern. Dabei sollte sich der Kletterer auf maximal zehn Kletterzüge beschränken, da dabei die laktazide Energiebereitstellung nicht übermäßig in Anspruch genommen wird. Das Einklettern dient dabei der spezifischen muskulären, energetischen und koordinativen Vorbereitung auf die nachfolgende Belastung. Hier sollte langsam der Kletterschwierigkeitsgrad bis zur Maximalschwierigkeit gesteigert werden. Entscheidend ist, dass die Belastungen kurz gehalten und nicht zu oft wiederholt werden, damit weder metabolisch (den Stoffwechsel betreffend) noch koordinativ schon Ermüdungserscheinungen auftreten.
Nach Beendigung des Aufwärmprogramms sollte eine Pause von mindestens 15 Minuten eingelegt werden, bevor mit dem eigentlichen Klettern begonnen wird. In dieser Pause kann die durch die Aufwärmbelastung verbrauchte Energie mittels Nahrungs- und Flüssigkeitszufuhr ausgeglichen werden.
Der Aufwärmeffekt hält nur begrenzte Zeit (ca. 30–45 Minuten) an. Wird z. B. an einer Kletterroute in einstündigem Abstand ein Durchstiegsversuch gestartet, so empfiehlt sich, vor jedem Versuch ein kurzes erneutes Aufwärmen. Hierbei sollten auch die oben aufgezeigten Aufwärmschritte eingehalten werden.

Beispielprogramme zum Aufwärmen

Wie bereits gesagt, muss das Aufwärmen individuell gestaltet werden, da den Bedürfnissen sowie den momentanen situativen Gegebenheiten immer Rechnung getragen werden muss. Nachfolgend werden drei Beispielprogramme vorgestellt, die in etwa als Anhaltspunkt dienen können.

Beispielprogramm 1: Aufwärmen beim Wettkampf

Im Normalfall muss der Wettkampfkletterer die Zeit bis zum Start in einem Isolationsraum, der ihn vor der Öffentlichkeit abschirmt, zubringen. Hier hat er die Möglichkeit, sich an einer kleinen Kletterwand aufzuwärmen. Selbst der erste Wettkampfstarter verbringt mindestens eine Stunde in der Isolation. Je nach Startnummer verlängert sich der Aufenthalt in der Isolation bis auf mehrere Stunden, im Extremfall bis zu einem guten halben Tag.
Mögliches Aufwärmprogramm:
Zehn Minuten langsames Einlaufen. Sollte dies nicht möglich sein, kann das Seilspringen das Laufen ersetzen. Sechs bis acht Minuten lang alle Gelenke durch Rotations-, Streck- und Beugebewegungen mobilisieren. Hierbei bieten sich folgende Übungen an: Hals drehen, beugen und strecken; Arme gestreckt vorwärts und rückwärts kreisen; Ellbogen beugen und strecken; Handgelenke kreisen; Finger beugen und strecken; Rumpf kreisen und Seitbeuge; Hüfte kreisen; in mittelweiter Spreizstellung wechselseitig ein Bein belasten; Knöchel kreisen. Die Übungen werden dabei so ausgeführt, dass die maximale Bewegungsamplitude nicht erreicht wird.
Acht bis zehn Minuten lang folgende Muskulatur dehnen: Unterarm-, Brust-, Rücken- und Schultermuskeln, Gesäß- und Beinmuskeln, Abduktoren und Adduktoren, Quadrizeps und Wadenmuskeln.

Fünf Minuten einklettern. Dabei sind zum einen die größten Griffe zu verwenden und zum anderen die Kletterzüge so zu konzipieren, dass keine maximale Bewegungsweite erforderlich ist. Zwischendurch sollte das Einklettern immer wieder unterbrochen werden.
Anschließend erfolgt die Steigerung der Intensität. Jetzt wird zehn Minuten mit steigendem Schwierigkeitsgrad geklettert. Unterbrochen wird dieses Programm durch kurze Pausen, in denen leichte Dehnübungen durchgeführt werden.
Weitere zehn Minuten wird im Bereich der Maximalschwierigkeit trainiert. Kurze Boulderpassagen, Einzelzüge sowie Dynamos sind Inhalt dieser Aufwärmphase. Auch hier werden die Kletterpausen zu Dehnübungen genutzt.
Fünfzehn bis zwanzig Minuten benötigt der Kletterer dann zur vollständigen Regeneration. Dehnübungen dienen hier dazu, den Aufwärmeffekt möglichst zu konservieren. In dieser Aufwärmphase wird die Wettkampfroute wiederholt mental durchklettert, und der Kletterer ruft sich so die einzelnen Bewegungen und Bewegungssequenzen nochmals ins Gedächtnis.
Den Abschluss des Aufwärmprogramms bilden ein 2- bis 3-minütiges Programm mit Beweglichkeitsübungen sowie ein kurzes isometrisches Anspannen der Muskulatur kurz vor dem Start.
Während des ganzen Aufwärmprozesses muss streng auf genügend Flüssigkeitszufuhr geachtet und gegebenenfalls gegessen werden, wobei dabei immer die Startzeit berücksichtigt werden muss. Gerade beim Wettkampfklettern sind Veränderungen in der Startzeit an der Tagesordnung. Auf diese Veränderung muss der Kletterer natürlich reagieren und sein Aufwärmprogramm entsprechend anpassen. Im Normalfall verzögert sich die Startzeit, so dass durch wiederholtes kurzes Aufwärmen der erreichte Aufwärmzustand beibehalten werden kann. Wesentlich ungünstiger gestaltet sich der Fall, wenn sich die Startzeit vorverschiebt und so für ein gründliches Aufwärmen die Zeit fehlt bzw. die nach dem Aufwärmen nötige Regenerationsphase zu kurz ausfällt. Dieser Fall muss eingeplant werden, wenn man eine frühe Startnummer hat. Durch das frühe Ausscheiden (z. B. Sturz am ersten Haken) mehrerer Kletterer hintereinander beschleunigt sich der zeitliche Ablauf des Wettkampfs.

Beispielprogramm 2:
Aufwärmen bei Routen in Sportklettergebieten/Klettergärten

Die meisten Sportklettergebiete sind mit relativ kurzen Zustiegszeiten und auf bequemem Weg zu erreichen. Zudem finden sich hier meist mehrere Routen unterschiedlichsten Schwierigkeitsgrades mit Seillängen zwischen 10 und 30 Metern zur Auswahl. Das Klettern am Fels gestaltet sich in der Regel sehr entspannt, da die Kletterer, die meist als Seilschaft (zwei Kletterer) oder in kleinen Gruppen kommen, sich mehrere Stunden am Fels aufhalten und somit ohne Zeitdruck klettern können.
Mögliches Aufwärmprogramm:
Zehn bis fünfzehn Minuten relativ rasches Gehen (nicht Laufen). Dafür eignet sich oft der Zustiegsweg. Sollte er zu kurz sein, so lässt sich die Wegstrecke eventuell etwas verlängern.
Sechs bis acht Minuten lang alle Gelenke durch Rotations-, Streck- und Beugebewegungen mobilisieren. Hierbei bieten sich folgende Übungen an: Hals drehen,

beugen und strecken; Arme gestreckt vorwärts und rückwärts kreisen; Ellbogen beugen und strecken; Handgelenke kreisen; Finger beugen und strecken; Rumpf kreisen und Seitbeuge; Hüfte kreisen; in mittelweiter Spreizstellung wechselseitig ein Bein belasten; Knöchel kreisen. Die Übungen werden dabei so ausgeführt, dass die maximale Bewegungsamplitude nicht erreicht wird.
Acht bis zehn Minuten lang folgende Muskulatur dehnen: Unterarm-, Brust-, Rücken- und Schultermuskeln, Gesäß- und Beinmuskeln, Abduktoren und Adduktoren, Quadrizeps und Wadenmuskulatur.
Einklettern in einer Route, deren Schwierigkeit deutlich unter der individuellen Höchstschwierigkeit liegt. Hastiges und dynamisches Klettern sollte dabei unbedingt vermieden werden. Gegebenenfalls sollte man sich an dem einen oder anderen Haken vor dem Weiterklettern ausruhen, damit die Unterarmmuskulatur möglichst nicht »übersäuert«.
Die Zeit, in der der Seilpartner klettert und gesichert werden muss, nutzt man zur Regeneration.
Die zweite Einkletterroute ist jetzt schwieriger und sollte etwa zwei Schwierigkeitsgrade unter dem *On-sight*-Schwierigkeitsgrad des Kletterers liegen. Beim Klettern ist darauf zu achten, dass die Bewegungen möglichst flüssig ausgeführt werden und dass ohne Pausen geklettert wird. Wenn es möglich ist, sollte das Seil in dieser Route zum *Toprope*-Klettern hängen gelassen werden.
Nach dem Einklettern sind zehn bis fünfzehn Minuten zur Erholung nötig. Diese Zeit wird durch leichtes Dehnen der Muskulatur sowie Sichern des Seilpartners ausgefüllt.
Anschließend wird die zuvor vorgestiegene Route am Topropeseil mit maximaler Geschwindigkeit geklettert.
Nach dieser Maximalbelastung sind fünfzehn bis zwanzig Minuten für eine vollständige Regeneration einzuplanen. In dieser Zeit wird gedehnt, Flüssigkeit zu sich genommen, und man begibt sich an den Einstieg derjenigen Route, deren Durchstieg man sich für heute vorgenommen hat.

Beispielprogramm 3: Aufwärmen bei alpinen Routen

Der Zustieg zu alpinen Kletterwänden ist oft nur über einen mehrstündigen und schwierigen Weg möglich. Ein Einklettern, das den Sinn eines sportartspezifischen Aufwärmens erfüllt, ist weder aus Zeit- noch aus organisatorischen Gründen möglich. Deshalb muss der Kletterer sich ohne spezielles Aufwärmen den klettertechnischen und schwierigkeitsmäßigen Anforderungen der ersten Routenseillänge stellen. Trotz der oben angeführten begrenzenden Faktoren sollte zumindest ein minimales Aufwärmprogramm absolviert werden.
<u>Mögliches Aufwärmprogramm:</u>
Da es sich in der Regel hier um Zustiegszeiten von mehr als zehn Minuten handelt, sollte beim Zustieg nicht zu schnell gegangen werden. Auf jeden Fall gilt es möglichst eine Ermüdung zu vermeiden.
Die Zustiegszeit sollte zum Beweglichmachen der Finger und Hände genutzt werden. Hierfür bieten sich abwechselndes Beugen und Strecken der Finger oder das Kneten eines Gummiballs etc. an.

Sechs bis acht Minuten lang alle Gelenke durch Rotations-, Streck- und Beugebewegungen mobilisieren. Hierbei bieten sich folgende Übungen an: Hals drehen, beugen und strecken; Arme gestreckt vorwärts und rückwärts kreisen; Ellbogen beugen und strecken; Handgelenke kreisen; Finger beugen und strecken; Rumpf kreisen und Seitbeuge; Hüfte kreisen; in mittelweiter Spreizstellung wechselseitig ein Bein belasten; Knöchel kreisen. Die Übungen werden dabei so ausgeführt, dass die maximale Bewegungsamplitude nicht erreicht wird.
Acht bis zehn Minuten lang folgende Muskulatur dehnen: Unterarm-, Brust-, Rücken- und Schultermuskeln, Gesäß- und Beinmuskeln, Abduktoren und Adduktoren, Quadrizeps und Wadenmuskulatur.
Anschließend wird das Material sortiert. Hierbei lassen sich beim Durchziehen des Seils mit großräumigen Armbewegungen nochmals die Schulter- und Armgelenke mobilisieren.
Besteht irgendwie die Möglichkeit, sich einzuklettern, z. B. durch kurze Quergänge über dem Boden, so sollte diese zusätzliche Aufwärmmöglichkeit auf jeden Fall genutzt werden.
Dieses kurze Aufwärmprogramm wird mit einem nochmaligen Dehnen, etwas Trinken, dem Rekapitulieren der Routenbeschreibung und dem Umhängen des Klettermaterials abgeschlossen.
Soweit dies möglich ist, wird die erste Seillänge zum Abschließen des Aufwärmens genutzt, wobei ein maximaler Energieaufwand und extreme Bewegungen zu vermeiden sind.

8 Trainingsbeispiele

In diesem Kapitel wird versucht, die theoretischen Kenntnisse aus den vorausgegangenen Kapiteln an Hand von Beispielen in die Praxis umzusetzen. Dabei ist vor allen Dingen Folgendes zu beachten:

- Es können keine Kochrezepte, vor allem in puncto Trainingsdurchführung, geliefert werden, da es solche absolut nicht gibt. Vielmehr gilt es immer mehrere Faktoren gleichzeitig in Betracht zu ziehen. Die nachfolgend dargestellten Trainingsbeispiele können daher nicht unreflektiert kopiert werden, sondern dienen lediglich als Gerüst für die eigene Trainingsplanung. Durch entsprechende Modifikation der Trainingsbeispiele lassen diese sich an die momentane spezifische Situation anpassen.
- Jede Art von Training muss den individuellen Eigenschaften des trainierenden Sportlers angepasst sein, wobei vor allem seine Fähigkeiten, seine Ziele und die verfügbaren Mittel an Raum und Zeit berücksichtigt werden müssen.
- Die Trainingsbeispiele können sehr nützlich und hilfreich sein, sind jedoch wertlos, wenn sie bei der Trainingsplanung nicht alle wesentlichen Faktoren berücksichtigen. Dies ist nur dann möglich, wenn eine Analyse des momentanen Istzustands dem Planungsprozess vorausgeht.
- Die aufgeführten Trainingsbeispiele sind allerdings bei weitem nicht vollständig, manche spezielle Trainingssituation wird hier überhaupt nicht aufscheinen.

Bezeichnung:

Maximalkraft-Serien.

Trainingsziel:

- Verbesserung der intramuskulären Koordination.

Gelände und Material:

Boulder im Überhang mit einem Zug.

Übung:

Ein Griff, der im Überhang gerade noch beidhändig gehalten werden kann, wird ausgewählt. Nach beidarmigem Anziehen an dem Griff lässt in der Beugeposition eine Hand den Griff los. Der Griff wird dann so lange blockiert, bis die einarmige Blockierstellung nicht mehr gehalten werden kann. Die Übung ist alternierend durchzuführen und 6- bis 10-mal zu wiederholen. Die Wiederholungspause beträgt dabei 2 Minuten.

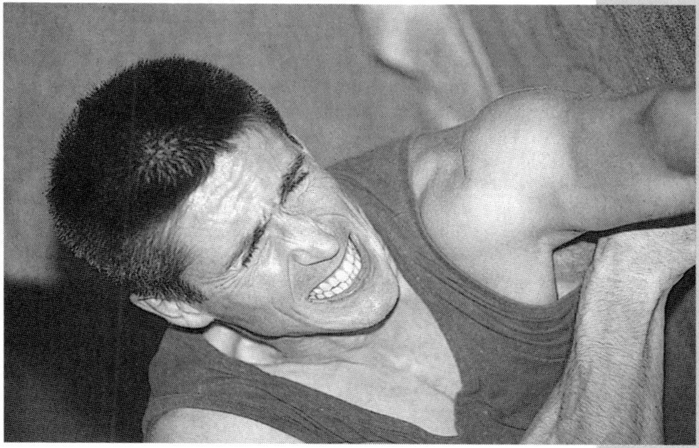

Anmerkungen:

- Bei dieser Übung ist ein intensives Aufwärmen entscheidend, da auf Grund der maximalen Belastungsintensität die Verletzungsgefahr relativ hoch ist.
- Je weiter der Griff vom Körper entfernt ist, desto stärker werden die Schultermuskeln beansprucht.
- Der Bewegungsvielfalt sind bei dieser Übung kaum Grenzen gesetzt, da die Griffgröße, die Körperposition und die Tritte sich nahezu beliebig variieren lassen.

Bezeichnung:

Dynamo.

Trainingsziel:

– Verbesserung der dynamischen Schnellkraft.

Gelände und Material:

Griff- und Trittsequenz, deren Schwierigkeit zwei Grade unter der derzeit beherrschten Schwierigkeit liegt.

Übung:

Klettern einer bekannten Griff-Tritt-Abfolge von 5–6 Griffen mit maximaler Geschwindigkeit. 6–10 Übungswiederholungen mit 2 Minuten Wiederholungspause.

Anmerkungen:

Die Bewegungen sollten koordinativ nicht sehr anspruchsvoll sein. Quergänge sind ungeeignet, da sich bei den dynamischen Bewegungen das Hin- und Herpendeln des Körpers kaum vermeiden lässt und es dadurch zu Hautabschürfungen kommen kann. Um den Bewegungsfluss zu erhalten, muss bei dieser Übung entweder im Toprope geklettert werden oder der Absprung auf eine Matte möglich sein.

Bezeichnung:

Muskelaufbau durch Gewichtstraining.

Trainingsziel:

- Vergrößerung des Phosphatspeichers
- Muskelhypertrophie.

Gelände und Material:

Hantelstange mit Scheiben.

Übung: Bankdrücken

In der Rückenlage auf die Bank legen und die Hantelstange mit beiden Händen in Brusthöhe mit schulterbreiter Grifffassung halten. Arme beugen, bis die Hantelstange fast die Brust berührt, anschließend strecken.
Für die Berechnung der Gewichtslast wird zuerst das Gewicht bei 3 MW (maximale Wiederholungen) bestimmt. Als Trainingsgewicht werden dann 60–80% dieses 3-MW-Gewichts genommen.
3–6 Serien, bestehend aus 8–12 aufeinander folgenden Wiederholungen, durchführen, mit einer Pause von 3–5 Minuten zwischen den Serien.

Anmerkungen:

Geeignet ist diese Übung für die Entwicklung der allgemeinen Kraft der Muskulatur, die beim seitlichen Blockieren beansprucht wird. Damit während des Drückens ein Hohlkreuz vermieden wird, sollten die Beine auf die Bank angestellt werden.

Bezeichnung:

Laktat-Zirkeltraining mit Zusatzlast.

Trainingsziel:

- anaerobe laktazide Kapazität
- Laktatbildung.

Gelände und Material:

Boulder.

Übung:

Die Kletterstrecke ist bei dieser Übung so zu konzipieren, dass in etwa 30 Sekunden geklettert wird. Zudem sollte sie keine extrem schweren Einzelzüge enthalten. Anschließend wird diejenige Zusatzlast bestimmt, mit der die Züge gerade noch kletterbar sind. Die Trainingsübung selbst wird dann mit 90–95% dieser maximalen Zusatzlast absolviert. Dabei wird die Kletterstrecke 3- bis 4-mal mit Unterbrechung geklettert. Zwischen den einzelnen Wiederholungen werden 3–5 Minuten Pause eingelegt. Nach der vierten Wiederholung erfolgt eine längere Pause von 15 Minuten, und anschließend werden nochmals 3–4 Wiederholungen in der oben beschriebenen Form durchgeführt.

Anmerkungen:

Die Berechnung des Trainingsgewichts erfolgt folgendermaßen:
Maximumwert = Körpergewicht + Ballast
Trainingsgewicht = 90–95% des Maximumwertes
Das Zusatzgewicht ist am Rumpf (nicht an den Extremitäten) zu befestigen. In der langen Serienpause können Dehnübungen gemacht und getrunken werden. Steht keine ausreichende Kletterstrecke für das 20-sekündige Dauerklettern zur Verfügung, so kann z. B. auch »gekreist« werden.

Bezeichnung:

Superserien.

Trainingsziel:

- anaerobe laktazide Kapazität
- Wechsel von spezifischer und unspezifischer Kraft.

Gelände und Material:

Boulder und eventuell Krafttrainingsgerät.

Übung:

Eine Kletterstrecke mit 25 Kletterzügen im niedrig-mittleren Schwierigkeitsgrad (zwei bis drei Grade unter dem Höchstniveau des Kletterers) wird konzipiert.
Eine Krafttrainingsübung auswählen, bei der mit maximaler Intensität belastet werden kann.
Zuerst die Krafttrainingsübung, dann anschließend die Kletterbelastung absolvieren. Insgesamt 6- bis 12-mal ohne Pause wiederholen, mit der Krafttrainingsübung abschließen. Nach 30 Minuten Pause die »Superserie« nochmals wiederholen.

Anmerkungen:

Es können Übungen mit dynamischen oder isometrischen Kontraktionen angewandt werden. In der Pause sollte eine aktive Erholung erfolgen, allerdings ohne Klettern.

Bezeichnung:

Kraftausdauertraining.

Trainingsziel:

- anaerobe laktazide Kapazität
- Laktattoleranz
- Laktatelimination.

Gelände und Material:

Boulder oder Kletterroute.

Übung:

Auswahl einer Route mit 50 bis 60 Zügen bei mittlerer Belastung (ca. zwei Grade unter der individuellen Leistungsgrenze).
Die Kletterstrecke wird mit langsamer Geschwindigkeit (ca. 4–7 Sekunden pro Bewegung) geklettert und bis zu 5-mal wiederholt. Zwischen den Wiederholungen liegt eine unvollständige Pause von 1–2 Minuten.

Anmerkungen:

Es ist wichtig, dass ein flüssiger Kletterrhythmus aufrechterhalten wird, um eine konstante Durchblutung zu garantieren. Die Trainingsroute kann entweder so angelegt werden, dass sich konkret zu trainierende Bewegungen wiederholen, oder so, dass viele verschiedene Bewegungen variieren. Wegen der hohen Beanspruchung an das Durchhaltevermögen des Kletterers sollte die Übung in der Gruppe trainiert werden.

Bezeichnung:

Wiederholung von Routen.

Trainingsziel:

- anaerobe laktazide Kapazität
- Laktatproduktion
- Laktattoleranz.

Gelände und Material:

Kletterroute mit individueller Höchstschwierigkeit.

Übung:

Die Kletterbelastungszeit sollte etwa 1 Minute betragen. Nach dieser 1-minütigen Maximalbelastung erfolgt eine 8- bis 10-minütige Pause. Insgesamt wird die Übung 4- bis 6-mal wiederholt.

Anmerkungen:

Die Kletterschwierigkeit sollte möglichst konstant sein. Die Ruhepausen werden für Dehnübungen genutzt. Wenn die Route sich im Lauf der Trainingseinheit als zu schwierig erweist, empfiehlt es sich, diese zu modifizieren oder eine neue, leichtere Trainingsroute zu entwerfen.

Bezeichnung:

Leiterhangeln.

Trainingsziel:

– anaerobe laktazide Kapazität.

Raum und Material:

Leiter mit Überhang.

Übung:

An dem überhängenden Teil der Leiter auf- und abklettern, wobei auch die Füße die Bewegung unterstützen dürfen. Mindestens 10 Armzugbewegungen sollten erreicht werden.
Eine Minute Pause.
Übung 4- bis 10-mal wiederholen.

Anmerkungen:

Der Kletterer bestimmt die Anzahl der Zugbewegungen, wobei mindestens 10 Bewegungen auszuführen sind. Bei jeder Übungswiederholung sollte die Zugzahl beibehalten werden. Die Zugzahl in Abhängigkeit von Sprossenabstand und Beinunterstützung sollte dabei so angesetzt werden, dass es während der Übung zur muskulären Ermüdung kommt. Zudem ist darauf zu achten, dass das Weitergreifen wechselweise erfolgt. Als Alternative zur Leiter bietet sich ein fixiertes Seil an, an dem auf- und abgeklettert wird. Zur Unterstützung wird dabei mit den Füßen an die Wand getreten.

Bezeichnung:

Boulder-Pyramide.

Trainingsziel:

- anaerobe laktazide Kapazität
- Laktattoleranz.

Gelände und Material:

Künstlicher Boulder.

Übung:

An der Kletterwand vier Kletterpassagen mit unterschiedlicher Kletterlänge konzipieren:

a) Passage 1 besteht aus 4 Bewegungen;
b) Passage 2 besteht aus 8 Bewegungen;
c) Passage 3 besteht aus 10 Bewegungen;
d) Passage 4 besteht aus 20 Bewegungen.

Der Schwierigkeitsgrad muss dabei progressiv abnehmen. Kein Übungsdurchgang darf dabei eine maximale Belastung darstellen.
Beispiel für einen 7b-Kletterer: a) 7a+; b) 7a; c) 6c+; d) 6c.
Die vier Durchgänge werden nacheinander ausgeführt, mit jeweils einer kurzen Pause von höchstens 30 Sekunden.

Anmerkungen:

Die Bewegungen bei den Durchgängen müssen sich so stark wie möglich ähneln. Die Schwierigkeit wird abgestuft durch die Verwendung unterschiedlicher Griffe, größerer Abstände zwischen den Griffen, einer stärkeren Wandneigung oder durch die Verwendung von kleineren Tritten. Durch Verwendung von leichten Zusatzgewichten kann die Kletterbelastung auch noch erhöht werden.

Bezeichnung:

Routentraining.

Trainingsziel:

– aerobe Kraftausdauer und submaximale Kraftausdauer.

Gelände und Material:

Boulder oder Kletterroute.

Übung:

3–6 Minuten lang Klettern, wobei die Schwierigkeit so hoch anzusetzen ist, dass innerhalb der angegebenen Zeit eine deutliche Ermüdung eintritt. Wiederholungspause 3–5 Minuten bei insgesamt 6–9 Wiederholungen.

Anmerkungen:

Trotz der kurzen Pausendauer kann etwas getrunken und gegessen werden.

Bezeichnung:

Intervalltraining mit Rhythmusänderung.

Trainingsziel:

- aerobe Kraftausdauer
- Wahrnehmung des Rhythmus
- Koordination.

Gelände und Material:

Boulder.

Übung:

An der Kletterwand ohne Griff- und Trittdefinition klettern, wobei drei verschiedene Kletterrhythmen abwechseln.
Dauer: 30 Minuten und mehr (ohne Pause). Jeder Kletterabschnitt mit unterschiedlichem Rhythmus kann zwischen 30 Sekunden und 4 Minuten dauern.
Rhythmus 1: hintereinander ausgeführtes dynamisches Klettern mit ein- und beidhändigem Grifffassen;
Rhythmus 2: schnelles Klettern;
Rhythmus 3: gemächliche, aber nicht übertrieben langsame Bewegungen.
Der Rhythmuswechsel erfolgt dabei ohne festgelegte Ordnung.

Anmerkungen:

Die Dauer jedes Rhythmusabschnitts sollte so kombiniert werden, dass sie an die momentanen Möglichkeiten des Kletterers angepasst wird. Gleiches gilt für die Reihenfolge der verwandten Kletterrhythmen.

Bezeichnung:

Intervalltraining mit Bewegungsänderung.

Trainingsziel:

- aerobe Kraftausdauer
- Kräftigung der Schultermuskulatur.

Gelände und Material:

Kletterwand.

Übung:

An der Kletterwand keine Griff- und Trittabfolgen definieren. Vorgegeben werden bei dieser Übung drei Griffweiten.
Dauer: 30 Minuten oder mehr (ohne Pause). Jeder Kletterabschnitt kann dabei zwischen 30 Sekunden und 4 Minuten dauern.
Griffweite 1: Bewegungen mit engen Griffabständen (Hände greifen maximal schulterbreit);
Griffweite 2: Bewegungen mit mittleren Griffabständen (Hände greifen zwischen Schulter- und Ellbogenbreite);
Griffweite 3: Bewegungen mit maximaler Spannweite.
Die Abfolge der Kletterpassagen mit jeweils definierter Griffweite erfolgt dabei willkürlich.

Anmerkungen:

Die Dauer jedes Kletterabschnitts muss so lange sein, dass sich der Kletterer an die an ihn gestellten Anforderungen anpasst. Gleiches gilt für die Reihenfolge der Griffweiten.

Bezeichnung:

Intensives Ausdauertraining.

Trainingsziel:

- aerobe Kapazität
- Grundlagenausdauer.

Gelände und Material:

Im kupierten Gelände.

Übung:

Dauerlauf ohne zu große Höhenunterschiede.
Die Intensität wird über den Puls kontrolliert, wobei die Trainingsbelastung bei 80–90% des Maximalpulses gehalten werden sollte. Der Maximalpuls errechnet sich dabei aus der Formel: 220 (Herzfrequenz, HF) – Lebensalter (in Jahren).
Trainiert wird dann bei 80–90% dieser Maximalherzfrequenz.

Anmerkungen:

Alternativen zum Dauerlauf: Radfahren, Rollschuhlaufen, Schwimmen usw. Zur genauen Belastungssteuerung ist die Verwendung eines Herzfrequenzmessers empfehlenswert.

Bezeichnung:

Ausdauerkrafttraining.

Trainingsziel:

– lokale aerobe Ausdauer
– Ökonomisierung aerober Stoffwechselprozesse.

Gelände und Material:

Boulder oder Kletterroute.

Übung:

Ohne Pausen mehr als 30 Minuten und bis zu 2 Stunden lang klettern, wobei die Schwierigkeit zwei Grade unter der individuellen Höchstschwierigkeit liegt.

Anmerkungen:

Vorsicht vor Verletzungen, vor allem der Haut, durch die Wiederholung gleichartiger Bewegungen. Bequemes Schuhwerk tragen. Schwerpunkt auf die Konzentration legen, da durch die Monotonie bewegungstechnische Fehler auftreten können.

Bezeichnung:

Einhängen des Seils in den Karabiner.

Trainingsziel:

– schnelles Seileinhängen in den Karabiner.

Gelände und Material:

Expressschlinge, Seilende, Klettergurt, Reepschnurring.

Übung:

Eine Reepschnur ist so anzubringen, dass sie in Kopfhöhe hängt.
Sich mit angezogenem Klettergurt der Reepschnur gegenüberstellen, wobei man angeseilt ist und eine Expressschlinge in der Materialschlaufe am Gurt auf der rechten Seite hängt.
Die Expressschlinge in die rechte Hand nehmen und in den Reepschnurring einhängen. Mit der rechten Hand das Seil fassen und in den unteren Karabiner der Expressschlinge einhängen.
Mit der linken Hand das Seil wieder aushängen, die Schlinge aushängen und die Expressschlinge an die linke Materialschlaufe am Gurt hängen. Übung links wiederholen.
Die Bewegung in verschiedenen Übungsstunden so lange wiederholen, bis sie automatisiert ist.
Anschließend die Einhängeposition variieren (z. B. auf Hüfthöhe oder überstreckt einhängen).

Bezeichnung:

Einhängen aus der Kletterposition.

Trainingsziel:

– Optimierung des Seileinhängens.

Gelände und Material:

Boulder mit zwei Haken, Klettergurt, 2–3 Meter Seil.

Übung:

Aus der Kletterposition das Seil in die Expressschlingen einhängen. Einhängeposition verändern (z. B. in Hüfthöhe, überstreckt etc.) bzw. mit der anderen Hand einhängen.

Anmerkungen:

Nicht nur in den bequemen oder gewohnten Positionen üben. Zudem sollte versucht werden, die Schlinge beim Einhängen nicht direkt anzusehen.

Bezeichnung:

Abklettern.

Trainingsziel:

– Optimierung der Abklettertechnik.

Gelände und Material:

Gesicherte Kletterroute sowie das erforderliche Material.

Übung:

Vom höchsten Punkt einer Route (mit mehr als einer Seillänge) wird nach unten geklettert.

Anmerkungen:

Die Schwierigkeit der Route muss deutlich unter der individuellen Höchstschwierigkeit des Kletterers liegen. Der Vorsteiger der Seilschaft muss das Seil in alle vorhandenen Sicherungspunkte einhängen, damit der Nachsteiger beim Abklettern der Route abgesichert ist. Diese Übung ist für die Entwicklung des strategisch-taktischen Verhaltens wichtig. Denn nur wenn der Kletterer in der Lage ist, wieder abzuklettern, kann er sich z. B. zurück an eine Rastposition hin retten.

Bezeichnung:

Reichweitentest.

Trainingsziel:

– Entwicklung und/oder Optimierung der Technik.

Gelände und Material:

Kletterwand, Felsen.

Übung:

Kletterposition einnehmen, eine Hand von der Wand lösen und alle aus dieser Position erreichbaren Griffe berühren. Kletterposition verändern (z. B. durch Verwendung anderer Tritte) und nochmals alle erreichbaren Griffe betasten.
Die Kletterposition wird so lange variiert, bis alle Möglichkeiten erschöpft sind. Entscheidend ist, dass man sich vergegenwärtigt, in welcher Körperposition das größte Griffangebot vorhanden war, die am weitesten entfernten Griffe erreicht wurden und welche Position die kraftsparendste war.

Anmerkungen:

Übungswiederholung mit anderen Griffen und Tritten. Eventuell ohne Festhalten, nur auf den Tritten stehend, den möglichen Bewegungsradius erkunden.

Bezeichnung:

Klettern mit Ansagen der Klettergriffe.

Trainingsziel:

- Vorstellungsvermögen
- Fortbewegungstechnik.

Gelände und Material:

Boulder.

Übung:

Der Kletterer stellt sich vor die Kletterwand. Der Kletterpartner denkt sich eine Griff- und Trittkombination aus und erklärt dem Kletterer den Routenverlauf. Der Kletterer muss zuerst einen Bewegungsplan erstellen und diesen seinem Kletterpartner beschreiben. Anschließend klettert der Kletterer die Passage und überprüft hierbei, inwieweit seine Bewegungsvorstellung mit der tatsächlichen Bewegungsrealisation übereinstimmt.

Anmerkungen:

Besonders für ein Training in der Gruppe geeignet, da hierbei mehrere Kletterer gleichzeitig beschäftigt werden können. Vor allem dann, wenn alle gleichzeitig oder nacheinander teilnehmen können. Die Bewegungslösungen der anderen Kletterer sollten auch ausprobiert werden.

Bezeichnung:

Sturztraining.

Trainingsziel:

- Entwicklung der Sturztechnik
- Entwicklung der Sicherungstechnik.

Gelände und Material:

Gut abgesicherte überhängende Kletterroute.

Übung:

Das Seil etwa in Wandmitte einhängen. Bis unterhalb die Sicherung klettern und ins Seil stürzen. Beim nächsten Versuch auf Höhe der Sicherung ins Seil stürzen. Dann über die Sicherung hinausklettern und ins Seil stürzen. Der Sichernde muss auf jeden Fall dynamisch sichern.
Hinweis: Die Wirbelsäule wird durch eine leichte Rumpfbeugung vor Verletzungen bzw. Stauchungen geschützt. Bei der Landung ist darauf zu achten, dass die Füße zuerst die Wand berühren.

Anmerkungen:

Im Umlenkhaken sollte zur Sicherung entweder ein verschließbarer Karabiner oder eine zweite Expressschlinge eingehängt werden.

Bezeichnung:

Sturztraining.

Trainingsziel:

- Optimierung der Sturztechnik
- Optimierung der Sicherungstechnik.

Gelände und Material:

Kletterroute, bei der ein Sturz unausweichlich ist.

Übung:

Die Kletterroute ist so vorbereitet, dass ein Griff lose ist.
Der Kletterer muss mit Seil von unten klettern. Sobald er den losen Griff festhält, stürzt er. Der Sicherungsmann sichert dynamisch.

Anmerkungen:

Der lose Griff darf kein Loch oder eine Öse haben, damit Verletzungen durch Hängenbleiben mit der Hand oder einem Finger auf jeden Fall vermieden werden.

Bezeichnung:

Klettern ohne Hände.

Trainingsziel:

- Entwicklung der Tritttechnik.
- Gleichgewicht.

Gelände und Material:

Leichte, geneigte Kletterroute im Toprope.

Übung:

Die Route klettern, ohne sich dabei festzuhalten. Die Hände dürfen lediglich zum Abstützen verwendet werden. Die Route dann wiederholen mit der Vorgabe, dabei möglichst wenige Tritte zu benutzen.

Anmerkungen:

Der Kletterer sollte versuchen, das Abstützen mit den Händen nur zum Erhalt des Gleichgewichts einzusetzen und nicht, um damit das Körpergewicht zu entlasten.

Bezeichnung:

Gezieltes Treten.

Trainingsziel:

- Optimierung der Tritttechnik
- Gleichgewicht.

Gelände und Material:

Kletterroute oder Boulder.

Übung:

Sich beim Klettern ausdrücklich auf die Fußarbeit konzentrieren:

- Treffen des richtigen Tritts (ohne nach einem anderen suchen zu müssen);
- Präzision beim Aufsetzen des Fußes auf den Tritt (die Stellung des Fußes muss nicht nachgebessert werden).

Anmerkungen:

Diese Art der Fußtechnik sollte zur Gewohnheit werden. Beim Training ist der Schwierigkeitsgrad der Route nach und nach zu erhöhen. Im Laufe der Zeit müssen die Auswahl der Tritte und das Einprägen der Trittkombinationen schneller geschehen, und die Fußkorrektur auf dem Tritt muss möglichst verschwinden.

Bezeichnung:

Klettern mit Videofeedback.

Trainingsziel:

- Optimierung der Technik
- Taktik/Strategie.

Raum und Material:

Kletterroute oder Boulder, Videokamera und Fernsehgerät.

Übung:

Eine oder mehrere Routen werden on-sight geklettert und dabei auf Video aufgezeichnet. Bei der anschließenden Videoanalyse sind mehrere Kletterer beteiligt. Sie analysieren alle ausgeführten Bewegungen hinsichtlich der Technik sowie das strategisch-taktische Vorgehen (z. B. die benötigte Zeit zum Einhängen, Einhängepositionen, Ausnutzen der Schüttel- und Rastpositionen, Bewegungsfluss, verwandte Techniken, ausgeführte Korrekturen, Verlagerung des Körperschwerpunktes etc.).

Anmerkungen:

Es sollten verschiedene Kletterer beim Durchklettern derselben Route verglichen werden.

Bezeichnung:

Klettern an Untergriffen.

Trainingsziel:

– Entwicklung der Klettertechnik mit Untergriffen.

Gelände und Material:

Boulder.

Übung:

Bei einer kurzen Kletterroute die Griffe so schrauben, dass sie ausschließlich als Untergriffe gehalten werden können. Klettern ohne Vorgabe, Klettern von definierten Kletterpassagen.

Anmerkungen:

Dieselbe Übung lässt sich auch für Seitgriffe, Zangengriffe usw. anwenden. Zu beachten ist, dass Griffstrukturen wie Einfingerlöcher oder dynamische Kletterzüge ein hohes Verletzungsrisiko haben. Deshalb sollten diese nicht mehrmals hintereinander wiederholt werden und sind so für diese Übung nicht geeignet.

Konzeption der Trainingseinheit (Trainingseinheitenplan)

Im Folgenden werden als Beispiel die Trainingsinhalte für zwei Trainingseinheiten (TE) dargestellt (1. TE am Vormittag, 2. TE am Nachmittag). Beide Trainingseinheiten entstammen dem im nächsten Kapitel dargestellten Planungsbeispiel.
Der Trainingseinheitenplan muss schriftlich fixiert sein. Man beachte, dass alle erforderlichen Faktoren hier festzuhalten sind, damit die Trainingseinheit der Planung entsprechend ablaufen kann und so die angestrebten Ziele auch erreicht wer-

Ziele	Gewichtung
Aerob	1
Anaerob-laktazid	2
Anaerob-alaktazid	1
Beweglichkeit	1
Freiklettertechnik	2
Sicherungstechnik	0
Ergänzende Techniken	3
Strategie	0
Logistische Strategie	0
Taktik	3
Psychologie	3

12/03/98

- [ ] Einzige Einheit
- [x] 1. Einheit
- [ ] 2. Einheit

Mikrozyklus 2
Mesozyklus 4

ORT: Montserrat (Katalonien), Can Jorba

MATERIAL: Das Übliche für das Sportklettern; 2 Seile, 2 Verschlusskarabiner

	DAUER	AKTIVITÄT
AUFWÄRMEN	30 Min.	– Allgemeines Aufwärmen: rascher Fußmarsch bis zum Klettergebiet; verschiedene Übungen zum Gelenkmobilisation; Dehnübungen.
	je 15 Min.	– Spezifisches Aufwärmen: Klettern der Routen »L'hora violeta«, L1 V+; »Xapes negres«, 6a.
TRAINING	2 Std. 15 Min.	– *On-sight*-Klettern Route »Pegaso vehículo fracaso«, 6b+. Seil mit Verschlusskarabinern in der Umlenkung einhängen. – *On-sight*-Klettern Route »M'agrada«, 6c. – *On-sight*-Klettern Route »Odio africano«, 7a. – *On-sight*-Klettern »Esto sabe a yo qué sé«, 6c. – Serie mit 4 Wiederholungen der Route »Pegaso vehículo fracaso« ohne Pausen außer beim Ablassen.
ABWÄRMEN	20 Min.	– Übungen zur Entwicklung der Hüftgelenk- und Schulter-Rumpf-Beweglichkeit. – Dehnen der Unterarme und Selbstmassage.

ANMERKUNGEN:

Beim Sturz an der On-sight-Route sofort vom gleichen Punkt aus noch einmal klettern.
Pausen zwischen den Routen: höchstens 15 Minuten; meist die Zeit, die der Gefährte zum Klettern braucht.
In den Pausen muss unbedingt Flüssigkeit zu sich genommen werden.
Nach Beendigung leichte Mahlzeit mit Kohlenhydraten und Ausruhen.

Ziele	Gewichtung
Aerob	3
Anaerob-laktazid	2
Anaerob-alaktazid	1
Gelenkbeweglichkeit	0
Fortbewegungstechnik	0
Fortbewegungstechnik	3
Sicherungstechnik	3
Ergänzende Techniken	2
Logistische Strategie	1
Taktische Strategie	3
Psychologie	3

12/03/98

[ ] Einzige Einheit
[ ] 1. Einheit
[X] 2. Einheit

Mikrozyklus 2
Mesozyklus 4

ORT: Montserrat (Katalonien), Can Jorba

MATERIAL: Das Übliche für das technische Klettern; Doppelseil, Hilfsseil, Materialsack; selbstblockierender Flaschenzug, Seilbremse.

	DAUER	AKTIVITÄT
AUFWÄRMEN	15 Min.	– Allgemeines Aufwärmen: verschiedene Übungen zum Gelenkigmachen, Baumeln an einem Baum oder dem ersten Sicherungspunkt; Dehnübungen.
	20 Min.	– Spezifisches Aufwärmen: Klettern der Route »La cantonada«, L1, IV, L2 V+. Das Seil als Flaschenzug über den Rissen auf der rechten Seite anbringen.
TRAINING	3 Std.	– Technisches Klettern der Route »Pit-roig«. Fortbewegung muss über Leitern und mit Verwendung von Klemmkeilen, Friends und Haken stattfinden. Sichern an den Parabolts der Route.
		– Technisches Klettern, abgesichert an Flaschenzug an Wand ohne Route (Platte und Risse), unter Verwendung von Haken und Keilen. Oberhalb 10 m Verankerungen prüfen und einen Absturz auslösen. Standplatz unter Flaschenzug bauen.
		– Abseilen vom gerade gebauten Standplatz aus, fixiertes Seil anbringen. Weiterhin an Flaschenzug absichern.
		– An fixiertem Seil aufsteigen, mit Flaschenzug abgesichert.
ABWÄRMEN	20 Min.	– Materialsack hochziehen.
		– Material einsammeln und zum Fahrzeug zurückkehren.
		– Dehnen der Unterarme.

ANMERKUNGEN:
Bei einem Absturz sofort vom gleichen Punkt aus noch einmal versuchen.
Zwischen den verschiedenen Aktivitäten keine Pause einlegen.
Auf ausreichende Flüssigkeitsaufnahme achten.
Helm verwenden.

den. Der Trainingseinheitenplan enthält im ersten Abschnitt alle Faktoren, die für die Durchführung der TE entscheidend sind, wie die Zielsetzung, Wahl des Klettergeländes, Trainingsmittel. Im zweiten Abschnitt finden sich die auszuführenden Übungen einschließlich genauer Angaben zur Belastungsgestaltung, Zeitangaben zum Training, Besonderheiten etc.

Planungsbeispiel

In diesem Abschnitt wird auf synthetische Weise der Planungsprozess aufgezeigt, beginnend bei der Feststellung der ersten Aspekte der Ausgangssituation bis hin zur detaillierten Ausarbeitung der Übungen für eine konkrete Trainingseinheit. Zuerst werden die einzelnen Planungsschritte genannt und anschließend erläutert sowie mit praktischen Beispielen vervollständigt.
Es muss davor gewarnt werden, diese Trainingsplanungsbeispiele kritiklos zu kopieren, da sie für einen bestimmten Kletterer in einer ganz speziellen Situation konzipiert wurden. So können diese Planungsbeispiele lediglich als Orientierungshilfe dienen. Zudem muss darauf hingewiesen werden, dass die Planungsbeispiele nicht ganz vollständig sind, da nur die wesentlichen Faktoren bei ihrer Darstellung berücksichtig wurden. So muss eventuell im Einzelfall die Planungsausarbeitung wesentlich detaillierter erfolgen.

Analyse der Ausgangssituation

Beim Kletterer Roque Tapia de Ochoa wurden die Eingangsdaten nach der Durchführung einer Testreihe erhoben. Diese bei den Tests festgestellten Daten dienten mit als Grundlage für eine Jahrestrainingsplanung von Januar bis Dezember.
Die Randbedingungen bei Roque, einem 28-jährigen Kletterer, sind: Er wohnt in einer Großstadt; arbeitet montags bis freitags durchgehend bis in den frühen Nachmittag; ist 170 cm groß; hat eine Armspannweite von 180 cm und wiegt 63 kg. Seine Essgewohnheiten entsprechen der für Mittelmeerländer typischen Küche, wobei er versucht, feste Essenszeiten einzuhalten und sich kalorienbewusst zu ernähren. Er hat die Möglichkeit, an drei Nachmittagen in der Woche in einem Kletterraum an künstlichen Griffen zu trainieren. Am Wochenende geht er ein oder zwei Tage am Fels klettern.
Roque Tapia de Ochoa beherrscht zur Zeit den Schwierigkeitsgrad 6c *on-sight* und schafft Routen von bis zu 7b, wenn er sie ausarbeitet. Sein bevorzugtes Klettergelände sind schlecht gesicherte Mehrseillängenrouten. Gleichzeitig macht ihm aber auch das Klettern in der Kletterhalle Spaß. Das technische Klettern beherrscht er bis zum Schwierigkeitsgrad A3.
Hauptsächlich klettert er im Kalkgestein. Seine Kraftausdauer bezeichnet er als annehmbar, wobei ihn aber bei längeren schwierigen Passagen die Kraft verlässt. Er bevorzugt senkrechtes bis leicht überhängendes Gelände. Die Dachkletterei hingegen fällt ihm schwer. Tagelanges »Ausbouldern« einer Route liegt ihm nicht, so dass er maximal einen Tag für den Durchstieg einer Route ansetzt.
Nach mehrmonatigem Training mit vielen Unterbrechungen und ohne vernünftiges Konzept bietet sich ihm die Möglichkeit, im nächsten Sommerurlaub mit seinen Freunden im Ausland Big Walls zu klettern. In der Urlaubszeit zu Weihnachten plant er, endlich in die Routen einzusteigen, vor denen er bis jetzt zu großen Respekt hatte. Dafür möchte er gezielt trainieren und ist in Anbetracht der Ziele hoch motiviert.

Festsetzen der Trainingsziele

Bis Juli gilt es das technische Klettern noch zu perfektionieren und anschließend bis Dezember den Schwierigkeitsgrad im On-sight und Work-out anzuheben. Als Teilziele möchte Roque Tapia de Ochoa Folgende erreichen:

- Das *On-sight*-Kletterniveau auf 7a steigern.
- Erfahrung beim Klettern im Schwierigkeitsgrad A4 gewinnen, vor allem hinsichtlich des Materialhandlings.
- Die Techniken des Big Wall kennen lernen und perfektionieren. Dabei stehen das Erlernen des Nachziehens der Materialsäcke, des Einrichtens vom Biwak in der Wand sowie grundlegender Techniken zur Selbstsicherung im Vordergrund.
- Das Selbstvertrauen und die emotionalen Kontrolle steigern.
- Das strategisch-taktische Verhalten festigen, so dass ein flüssiges Klettern mit minimalem Zeitaufwand und höchster Sicherheit erreicht wird.
- Auf eine geeignete Ernährung während der Trainingszeit achten.
- Sowohl im konditionellen wie auch im koordinativen Bereich das bisher erworbene Leistungsniveau möglichst aufrechterhalten.

Jahrestrainingsplanung

Unser Kletterer muss zu zwei verschiedenen Zeitpunkten der Saison in Form sein, das heißt im Juli und Dezember, wenn er Urlaub hat. Im Folgenden werden die konkreten Schritte des erforderlichen Planungprozesses aufgezeigt, damit eine gute sportliche Form zu den geplanten Zeitpunkten erreicht wird. Ausgearbeitet ist dabei nur die erste Jahreshälfte.

Seine On-sight-Schwierigkeit muss bis Juli auf 7a gesteigert werden. Daher muss er diesen Schwierigkeitsgrad bereits einen Monat vorher, also im Juni, mit einer gewissen Regelmäßigkeit *on-sight* klettern können. Bis März sollte er 6c+ beherrschen.

Bis Anfang Juni muss er bereits problemlos einige Seillängen in der Schwierigkeit A4 geklettert sein. Um dies zu erreichen, muss er zunächst noch viel mehr Erfahrung beim A3-Klettern sammeln und sich dann nach und nach auf A4 steigern. In den Monaten Januar und Februar wird das A3-Klettern trainiert, wobei ein besonderes Augenmerk auf den Materialeinsatz und die Maximierung der Sicherheit gelegt wird. Anschließend werden ca. zwei Monate das Anbringen von Sicherungen und die technische Fortbewegung an diesen Sicherungen trainiert. Das Problem des fehlenden Sicherheitsgefühls wird später in Angriff genommen und zusammen mit anderen Zielen erarbeitet.

Bis März verwendet er Zeit darauf, das neue Material für Big Walls gut kennen zu lernen und sich theoretisch über die für ihn unbekannten Techniken zu informieren. Abgeschlossen wird diese Trainingsperiode mit speziellen Übungen an einer überschaubaren und gesicherten Route. Von April bis Juni unternimmt er einmal monatlich eine längere Kletterei, um die erlernten Techniken auch in die Praxis umzusetzen. Die erste Route wird noch ohne Biwak beendet. Bei den nachfolgenden Routen wird immer in der Wand biwakiert.

Das angestrebte Leistungsniveau beim Freiklettern muss progressiv erarbeitet werden. Dafür wurde beschlossen, zu Beginn vor allem das Training der Kraft-

HALBJAHRESPERIODISIERUNG

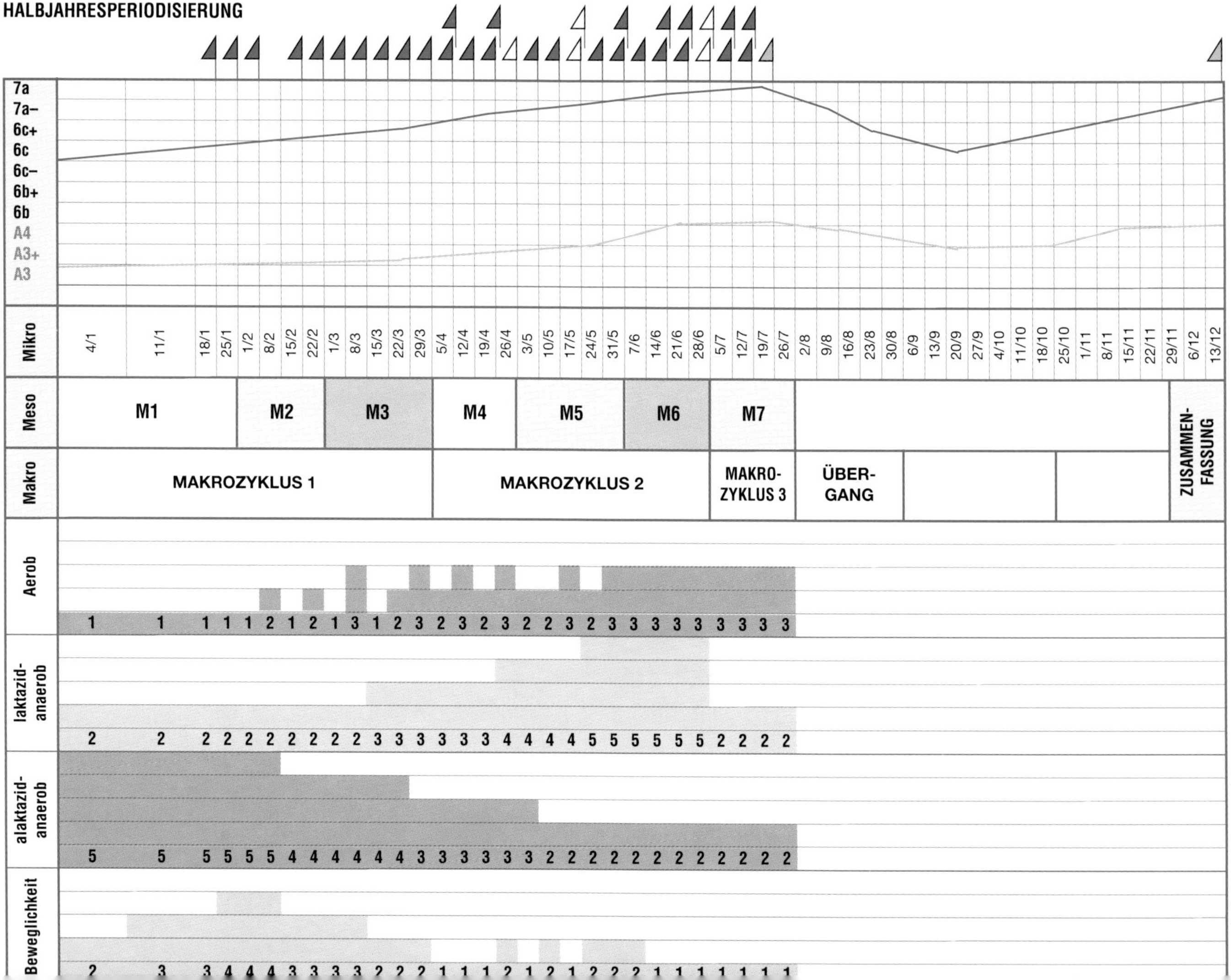

Freikletter-technik	2	2	2	2	4	4	4	4	2	3	2	3	2	3	2	3	3	4	4	3	4	5	4	5	2	5	5	5	5	5
Technische Klettertechnik	1	1	1	1	1	1	1	1	1	1	1	1	1	1	2	2	5	2	2	5	2	2	2	2	2	5	5	5	5	5
Sicherungs-technik	3	3	3	3	3	3	3	3	2	2	1	1	1	1	1	1	4	1	1	4	1	2	1	2	1	5	5	5	5	5
Ergänzende Technik	2	2	2	2	2	2	2	2	2	2	2	2	4	1	1	1	5	1	1	5	1	1	1	1	1	5	5	5	5	5
Strategie	1	1	1	1	1	1	1	1	1	1	1	1	1	1	1	1	5	1	1	5	1	1	1	1	1	5	5	5	5	5
Taktik	1	1	1	1	1	1	1	1	1	1	1	1	1	1	1	1	5	1	1	5	1	1	1	1	1	5	5	5	5	5
Psychologie	1	1	1	1	1	1	1	1	1	1	1	1	2	2	2	3	5	2	2	5	3	3	3	3	3	5	5	5	5	5

Felsenklettern — Klettern mit Big-Wall-Technik — Klettern im Urlaub — Grad freies Klettern — Grad technisches Klettern — Trainingsaufwand 1 2 3

fähigkeiten zu forcieren. Insbesondere Verbesserungen im Ausdauerkraft- und Kraftausdauerbereich werden angestrebt. Da für die optimale Entwicklung dieser Kraftfähigkeiten die zur Verfügung stehende Zeit nicht ausreicht, beschließt man, das momentane Leistungsniveau zu konservieren und sie möglichst praxisnah zu trainieren.
Der Trainingsschwerpunkt liegt auf der Entwicklung der anaeroben Kapazität, die sich relativ schnell entwickeln lässt. Das Training zielt damit auf die Verbesserung der Maximalkraft ab, so dass schwierigere Kletterzüge bewältigt werden können. Im weiteren Trainingsprozess wird dann der Anteil der alaktaziden Trainingsbelastungen reduziert, und im Gegenzug dazu nehmen die laktaziden Trainingsbelastungen zu. Damit möchte man erreichen, dass ein submaximaler Krafteinsatz über möglichst lange Zeit aufrechterhalten werden kann.
Parallel zur Entwicklung der Maximalkraft wird progressiv an der Beweglichkeit gearbeitet. Das Beweglichkeitstraining verfolgt hier zum einen das Ziel, möglichst Verletzungen vorzubeugen, und zum anderen, die Spreizfähigkeit im Hüftgelenk, die für das Verschneidungsklettern elementar ist, zu verbessern. Sobald ein ausreichendes Beweglichkeitsniveau erreicht ist, dient das Training nur noch dem Erhalt des momentanen Bewegungsausmaßes.
Die Entwicklung der Klettertechnik erfolgt einmal in den Urlaubskletterwochen sowie in den Übungsrouten des technischen Kletterns.
Hinsichtlich der Technikverbesserung beim Freiklettern muss versucht werden, das gesteigerte Kraftniveau auch in der Technik umzusetzen. Dies gilt sowohl für die Maximalkraft wie auch für die Kraftausdauer.
Beim technischen Klettern, bei dem der Kletterer schon über ein relativ gutes technisches Ausgangsniveau verfügt, wird in den Übungsrouten an der Optimierung der Technik gearbeitet. Vor allem die Optimierung der Sicherungstechniken steht im Vordergrund, da die Routen zum großen Teil selbst abgesichert werden müssen.
Von Anfang an werden auch ergänzende Techniken theoretisch erarbeitet und dann in den Routen in die Praxis umgesetzt.
Das Strategietraining dient ausschließlich der Erhaltung, da der Kletterer bereits über ein ausreichendes Niveau verfügt. Logischerweise wird dabei in erster Linie auf die besondere Situation eines Biwaks in der Wand geachtet.
Das psychologische Training profitiert von der starken Motivation, die der Kletterer in Anbetracht der zu erreichenden Ziele mit sich bringt. Dennoch wird in den letzten Mesozyklen immer mehr Zeit auf die notwendigen psychischen Fähigkeiten, die zur Bewältigung von schlecht abgesicherten Routen nötig sind, verwendet.
Die Trainingskontrolle erfolgt über eine Auswertung von leistungsdiagnostischen Tests. Eine kontinuierliche Kontrolle der Leistungsentwicklung erfolgt vornehmlich über die Beobachtung der am Wochenende erbrachten Kletterleistung. Zu Beginn des zweiten Makrozyklus findet ein spezieller Test, bei dem die beim Big-Wall-Klettern nötigen Trainingsinhalte abgeprüft werden, statt. Zur Kontrolle der spezifischen konditionellen Fähigkeiten wird zusätzlich in jedem Mesozyklus eine Testbatterie durchgeführt.
In der Abbildung auf Seite 158 bis 159 wird die Jahresplanung gemäß den erläuterten Kriterien bis zum Monat August grafisch dargestellt. Das Jahr wird in zwei Perioden bzw. Makrozyklen für die Vorbereitung sowie eine für die Höchstleistung bzw.

den Wettkampf und eine Übergangsperiode unterteilt. Darauf folgen zwei weitere bis zum Leistungshöhepunkt im Dezember (im Beispiel nicht weiter ausgeführt). Aus praktischen Gründen wurde jeder Makrozyklus wiederum in Mesozyklen von vier Mikrozyklen unterteilt, die hier einfachheitshalber mit den Kalenderwochen übereinstimmen. Die Wimpeln kennzeichnen die Höhepunkte der Saison. In diesem Fall sind dies konkrete Klettertouren. Die zwei Kurven geben die erwartete Leistungsentwicklung zum einen im Freiklettern und zum anderen beim technischen Klettern an. Jedem Mikrozyklus wird eine Zahl von 1 bis 5 zugeordnet, die dem Trainingsaufwand für jede einzelne Komponente entspricht. Die grauen Balken spiegeln diesen Zusammenhang grafisch wider.

Mesozyklen

Wenn die Jahresplanung als Leitvorgabe erstellt ist, wird sie mit der inhaltlichen Gestaltung der Mesozyklen konkretisiert. Die Konkretisierung der Mesozyklen erfolgt durch die konzeptionelle Planung der Mikrozyklen und der Trainingseinheiten. Die Planung der Mesozyklen enthält Angaben zur zeitlichen Verteilung der Trainingsarten sowie zu den Belastungsverfahren, die konkret anzuwenden sind. Somit ist gewährleistet, dass die Ausarbeitung der Trainingseinheitenpläne erleichtert ist und auch notwendige Korrekturmaßnahmen in der Trainingsplanung auf Grund der Transparenz vorgenommen werden können.
Im folgenden Beispiel wurden im Einzelnen für jeden Tag des betreffenden Mesozyklus das gewählte Mittel für die Trainingseinheit sowie der inhaltliche Schwerpunkt dargestellt.

MESOZYKLUS	M 4: 30/03-26/04																											
MAKROZYKLUS	Vorbereitung 2																											
TAG	Mo	Di	Mi	Do	Fr	Sa	So	Mo	Di	Mi	Do	Fr	Sa	So	Mo	Di	Mi	Do	Fr	Sa	So	Mo	Di	Mi	Do	Fr	Sa	So
Klettern Mehrseillängenroute																												
Techn. Klettern, gesicherte Route																												
Sportklettern																												
Boulder																												
Fitnessstudio																												
Dauerlauf/Radfahren																												
Aerob	1	0	3	0	0	3	3	1	0	3	0	0	3	3	1	0	3	0	0	3	3	1	0	3	0	0	0	3
Anaerob-laktazid	0	3	0	3	0	2	3	0	3	0	3	0	2	2	0	3	0	3	0	2	2	0	3	0	3	0	0	2
Anaerob-alaktazid	0	2	2	2	0	2	1	0	2	2	2	0	2	1	0	2	2	2	0	2	1	0	2	2	2	0	0	2
Beweglichkeit	1	1	1	1	0	1	1	1	1	1	1	0	1	1	1	1	1	1	0	1	1	1	1	1	1	0	0	1
Freiklettertechnik	0	2	2	2	0	2	2	0	2	2	2	0	2	2	0	2	2	2	0	2	2	0	2	2	2	0	0	3
Technische Klettertechnik	0	0	0	0	0	0	2	0	0	0	0	0	0	3	0	0	0	0	0	2	2	0	0	0	0	0	0	3
Sicherungstechnik	0	0	0	0	0	3	3	0	0	0	0	0	1	3	0	0	0	0	0	3	3	0	0	0	0	0	0	3
Ergänzende Techniken	0	0	0	0	0	1	2	0	0	0	0	0	1	2	0	0	0	0	0	1	1	0	0	0	0	0	1	3
Strategie	0	0	0	0	2	1	1	0	0	0	0	2	3	1	0	0	0	0	2	1	1	0	0	0	0	2	3	1
Taktik	0	2	0	0	0	3	3	0	2	0	0	0	0	3	0	2	0	0	0	3	3	0	2	0	0	0	0	3
Psychologie	1	2	1	1	1	3	3	1	2	1	1	1	0	3	1	2	1	2	1	3	3	1	2	1	3	1	1	3

9 Trainingskontrolle

Die Trainingskontrolle versucht die im Trainingsvollzug durchgeführten Maßnahmen hinsichtlich der dabei erzielten Wirkungen auf den Trainingszustand möglichst exakt zu erfassen. Da bei gleichen Trainingsbelastungen die Trainingswirkungen individuell unterschiedlich ausfallen können, dient die Trainingskontrolle dazu festzustellen, ob und in welcher Weise die Trainingsbelastungen gewirkt haben. Durch entsprechende Modifikation der Trainingsbelastungen kann dann das anvisierte Trainingsziel doch noch erreicht werden. Um die dabei durchgeführten Trainingsmaßnahmen möglichst objektiv beschreiben zu können, ist die Dokumentation des Trainings nötig. Der aktuelle Leistungszustand wird mittels Trainingsbeobachtung oder (sportmotorischer und/oder sportwissenschaftlicher) Tests festgestellt. Die Trainingskontrolle ist die organisierte Vorgehensweise, mit der die Entwicklung des Sportlers verfolgt wird, um festzustellen, inwieweit die geplanten Ergebnisse erzielt werden konnten.
Die Trainingskontrolle ist für alle Trainingsarten (Kondition, Technik, Taktik etc.) vorzunehmen. So kann damit festgestellt werden, ob die durchgeführten Maßnahmen und Übungen, z. B. hinsichtlich der Entwicklung der motorischen Fertigkeiten, der Gewandtheit bei der Bewegungsausführung, des strategisch-taktischen Verhaltens, zum erwarteten Trainingsresultat führen.
Das Ergebnis der Kontrolle des Kletterers kann auch zur Selbstbewertung des Trainers führen (falls mit einem Trainer gearbeitet wird). Er kann seine eigene Eignung für seinen Posten analysieren, seine Kenntnisse hinsichtlich des Technik- und Konditionstrainings bewerten, sein Motivationsniveau überprüfen etc.
Aus der Analyse der Ergebnisse ergibt sich fast immer die Notwendigkeit, Änderungen oder Berichtigungen am Trainingsprozess vorzunehmen. In diesem Augenblick sollte man sich folgende Fragen stellen:

- Besteht eine Kohärenz zwischen den gesteckten Zielen und den erzielten Ergebnissen?
- Wurden die Trainingseinheiten so durchgeführt wie geplant?
- Welche Trainingsprinzipien wurden angewandt?
- Beinhalteten die durchgeführten Übungen (optimal) überschwellige Reize für den Organismus?
- War das Verhältnis zwischen Belastung und Erholung ausgewogen, oder war eine Phase dominant?
- Hat der komplett von einem anderen Kletterer übernommene Plan etwas gebracht?
- Waren die vorgeschlagenen Übungen abwechslungsreich genug, oder wurde die Änderung der Griffpositionen am Boulder immer auf den nächsten Tag hinausgeschoben?

- Haben die ausgeführten Übungen etwas Neues über das Klettern gelehrt?
- Ist die Verletzung einer Sehne auf eine einmalige Überbelastung zurückzuführen, oder auf eine Dauerbelastung, oder auf eine fehlerhaft ausgeführte Übung?

Kontrollmittel

Die grundlegenden Vorgehensweisen, die für die Kontrolle verwendet werden, sind die Quantifizierung und die Beobachtung.
Unter Quantifizieren versteht man die numerische Einstufung der Leistung des Kletterers. Die Angabe kann dabei in Metern, Sekunden, Anzahl von Stürzen, Wiederholungen, Schwierigkeitsgrad etc. angegeben werden. Um die Leistung des Kletterers messen zu können, müssen entsprechende Leistungstests durchgeführt werden. Bei standardisierten Testverfahren ist die Bewertung des erreichten Leistungsergebnisses möglich, da Wertetabellen existieren, die eine Leistungsbewertung ermöglichen.
In der heutigen Literatur finden sich zahlreiche sportmotorische Tests, die als einfach durchzuführende Verfahren Auskunft über den momentanen sportmotorischen Leistungszustand, aber auch den Leistungsstatus einzelner Fähigkeiten geben. Der Nachteil dieser Testverfahren liegt in der geringen Sportartspezifität, so dass entweder auf spezielle sportwissenschaftliche Tests oder auf sportartspezifische motorische Tests zurückgegriffen wird. Hier fehlen dann aber die Vergleichswerte, so dass die Beurteilung der Leistung kaum oder nur eingeschränkt möglich ist.
Bei der Beobachtung konzentriert sich die Aufmerksamkeit auf einige Verhaltensweisen des Kletterers. Der Trainer oder auch der Seilpartner beobachtet die technische Ausführung und das strategisch-taktische Verhalten und bewertet dieses subjektiv auf Grundlage eigener Erfahrungen. Diese Vorgehensweise ist zwar ungenau, gibt aber dem Kletterer die Möglichkeit, während (Synchroninformation) oder kurz nach dem Bewegungsvollzug (Sofortinformation) zusätzliche Informationen von außen zu erhalten.
Für die Beobachtung stehen zwei Methoden zur Verfügung: die direkte Beobachtung und das Filmen. Das Filmen ist zwar teurer und umständlicher, ermöglicht aber eine größere Objektivität, da die Ausführung mehrmals und zu verschiedenen Gelegenheiten beobachtet werden kann. Außerdem ist dies die beste Möglichkeit, dem Kletterer einen richtigen Eindruck über sein Handeln zu vermitteln.

Kontrollphasen und -bedingungen

Die Kontrolle muss, wie bereits gesagt, mit Hilfe des Festhaltens von Daten geschehen. Dieses Festhalten kann in der systematischen Verfolgung der Tätigkeit in jeder Trainingseinheit bestehen (Kontrolltabelle), aber auch im Erhalten punktueller Leistungsdaten (Tests).

Kontrolltabelle

Alle Handlungen des Kletterers, die sich entscheidend auf das Trainingsergebnis auswirken könnten, sollten festgehalten werden, damit anschließend für die Analyse das nötige Datenmaterial zur Verfügung steht. Somit besteht auch nicht die Gefahr, dass kleine Details übersehen werden, die im Trainingsprozess große Wirkung haben können.

In der Kontrolltabelle sind auf jeden Fall, unabhängig von den verwendeten Trainingsmitteln und -methoden, die gekletterten und probierten Routen, die ausgeführten und probierten Boulder, die durchgeführten Übungen, die absolvierten Tests usw. anzugeben. Zusätzlich sind alltägliche Details wie Zeitpunkt und Zusammensetzung der Mahlzeiten und andere wichtige Ereignisse einzutragen.

Die Kontrolltabelle entspricht im Grunde einem persönlichen Tagebuch oder dem Logbuch des Seefahrers. Die Kontrolltabellen sind auch dann effizient, wenn kein konkreter langfristiger Trainingsplan ausgearbeitet wurde und man einfach nur nach Lust und Laune (was zwar falsch, aber eine weitverbreitete Form des »Trainings« ist) trainiert und geklettert ist. Diese Dokumentation kann später einmal als Grundlage für einen sinnvollen Trainingsplan dienen, wenn die Maßnahmen übernommen werden, die trainingswirksam waren, und die unwirksamen weggelassen werden.

Das Aussehen der Kontrolltabelle muss persönlich gestaltet werden und auf die gemeinsamen Möglichkeiten und Erfordernisse derjenigen eingehen, die sie verwenden: des Sportlers, der sie ausfüllt, und des Trainers, der sie auswertet. Als Beispiel werden auf den nachfolgenden Seiten zwei konkrete Trainingstabellen abgebildet, die einfach zu handhaben und zu interpretieren sind. Sie ermöglichen die Kontrolle des sportlichen Trainings und der Lebensgewohnheiten.

Um die Eingaben in das Datenblatt zu erleichtern, werden die einzelnen Datenpunkte besprochen.

Datum

Es werden Tag, Monat und Jahr eingetragen, so dass genau ersichtlich ist, wann eine Trainingseinheit stattgefunden hat.

Trainingsübung

Alles Ausgeführte wird mit einer einfachen und ausreichenden Bezeichnung identifiziert. Falls geklettert wurde, wird der Name der Route angegeben und, falls es sich um mehrere Seillängen handelte, die übliche Identifizierung L1, L2 usw. hinzugefügt, wobei für jede Seillänge eine Zeile ausgefüllt wird. Beim Bouldern wird dem Wort »Boulder« der Routenname oder der Name des Kletterproblems angefügt. Falls im Fitnessstudio trainiert wird, werden der Name der Trainingsübung oder des Trainingsgeräts eingetragen. Beim motorischen Lerntraining, Techniktraining, Taktiktraining und psychologischen Training wird der Name der Übung zusammen mit dem konkreten Trainingsaufwand aufgeführt.

Modell für eine Trainingskontrolltabelle

Datum	Übung	Intensität	Wiederholungen/Serien	Übungstyp	Belastungsdauer	Pausendauer	Anmerkungen

Intensität

Hier wird der Schwierigkeitsgrad der gekletterten Route oder des Boulders angegeben. Bei nicht kletterspezifischen Übungen wird für die Belastung der Prozentsatz der Intensität in Bezug zur Maximalintensität eingetragen. Falls dieser sich nicht genau bestimmen lässt, wird er nominal mit »hoch«, »mittel«, »gering« bezeichnet.

Trainingsumfang

Beim Klettern sollte der Trainingsumfang in Klettermetern angegeben werden. Noch genauer ist es, die Anzahl der durchgeführten Bewegungen festzuhalten. Wenn die Trainingsübung mehr als eine Wiederholung beinhaltet, so werden abgekürzt die Serien und Wiederholungen angegeben.

Übungstyp

Hier ist anzugeben, ob es sich um *On-sight*-Begehung oder das Klettern einer Workout-Route handelt oder ob eine Route mehrmals geklettert oder nur gebouldert wurde. Ansonsten erfolgt kein Eintrag.

Trainingsdauer/Belastungsdauer

In Minuten oder Sekunden wird die effektive Zeit angegeben, die für die Ausführung der Kletterleistung benötigt wurde. Wenn Serien durchgeführt werden, kann die Dauer jeder Wiederholung und/oder Serie angegeben werden. In den meisten Fällen, wenn eine Zeitangabe nicht klar ausfällt, ist es besser, nur die Gesamtdauer zu nennen.

Pause

Hier wird die Zeit ohne Belastung festgehalten, die zwischen den einzelnen Übungswiederholungen, den einzelnen Serien oder einzelnen Übungen liegt. Wird mit Serien trainiert, so muss gegebenenfalls zwischen der Wiederholungs- (kürzer) und der Serienpause (länger) unterschieden werden.

Anmerkungen

In diesem Abschnitt sind das subjektive Wohlbefinden des Kletterers, Trainingsergebnisse, eventuelle Schwierigkeiten oder Zwischenfälle usw. einzutragen.

Die Überschriften in der Tabelle für die Lebensgewohnheiten sind folgendermaßen zu verstehen:

Datum

Siehe Kontrolltabelle.

Zeitplan

Hier gibt der Sportler an, um wie viel Uhr er aufgewacht ist, wann und wie lange er gegebenenfalls mittags geschlafen hat und um welche Uhrzeit er schlafen gegangen ist. Mit diesen Angaben wird das tägliche passive Ruhen ausgewertet.

Mahlzeiten

Hier werden die Uhrzeiten aller Mahlzeiten (Frühstück, Mittag- und Abendessen) sowie der Zwischenmahlzeiten notiert.

Trainingszeiten

Zwei Felder, in die die Anfangs- und Endzeit der Trainingseinheiten eingetragen werden. Falls im Trainingsplan vorgesehen, können es auch drei Felder sein. Im Allgemeinen wird entweder vor- oder nachmittags trainiert, oder es kann am gleichen Tag zweimal trainiert werden. Falls ein ganzer Tag dem Klettern gewidmet wird, werden die Zeiten in einem einzigen Feld eingetragen.

Sonstiges

In dieses Feld können verschiedene Anmerkungen eingetragen werden: z. B., ob zwischen den Mahlzeiten etwas gegessen wurde, ob ein Physiotherapeut aufgesucht wurde, Angaben zu Berufstätigkeit oder Studium, ob Drogen konsumiert werden und wie viele, usw.

Dehnen und Aufwärmen

Einfach die Wörter »Ja« oder »Nein« eintragen. So wird festgehalten, ob diese beiden Trainingsroutinen eingehalten wurden.

Auswertung

Hier trägt der Kletterer seine Lebensgewohnheiten, seine sportlichen Betätigungen, sein physisches und psychisches Befinden etc. ein.

Menüs 1, 2, 3 und Sonstiges

Felder für die Angabe der wichtigsten Bestandteile der Mahlzeiten. Die Menüs entsprechen den drei Hauptmahlzeiten des Tages; die sonstige Nahrungsaufnahme wird unter »Sonstiges« festgehalten.
Auf den folgenden Seiten werden auszugsweise zwei Beispiele gegeben, wie die Kontrolltabellen auszufüllen sind.

Modell für die Tabelle zur Kontrolle der Lebensgewohnheiten

Datum	Wecken	Frühstück	Trainings-zeit	Mittag-essen	Mittags-schlaf	Trainings-zeit	Abend-essen	Schlafens-zeit	Sonstiges	Dehnen	Auf-wärmen	Auswertung
	Menü 1:				Menü 2:				Menü 3:			Sonst.:
	Menü 1:				Menü 2:				Menü 3:			Sonst.:
	Menü 1:				Menü 2:				Menü 3:			Sonst.:
	Menü 1:				Menü 2:				Menü 3:			Sonst.:
	Menü 1:				Menü 2:				Menü 3:			Sonst.:
	Menü 1:				Menü 2:				Menü 3:			Sonst.:
	Menü 1:				Menü 2:				Menü 3:			Sonst.:
	Menü 1:				Menü 2:				Menü 3:			Sonst.:
	Menü 1:				Menü 2:				Menü 3:			Sonst.:
	Menü 1:				Menü 2:				Menü 3:			Sonst.:
	Menü 1:				Menü 2:				Menü 3:			Sonst.:
	Menü 1:				Menü 2:				Menü 3:			Sonst.:
	Menü 1:				Menü 2:				Menü 3:			Sonst.:
	Menü 1:				Menü 2:				Menü 3:			Sonst.:

	Menü 1:	Menü 2:	Menü 3:	Sonst.:
	Menü 1:	Menü 2:	Menü 3:	Sonst.:
	Menü 1:	Menü 2:	Menü 3:	Sonst.:
	Menü 1:	Menü 2:	Menü 3:	Sonst.:
	Menü 1:	Menü 2:	Menü 3:	Sonst.:
	Menü 1:	Menü 2:	Menü 3:	Sonst.:
	Menü 1:	Menü 2:	Menü 3:	Sonst.:
	Menü 1:	Menü 2:	Menü 3:	Sonst.:
	Menü 1:	Menü 2:	Menü 3:	Sonst.:
	Menü 1:	Menü 2:	Menü 3:	Sonst.:
	Menü 1:	Menü 2:	Menü 3:	Sonst.:
	Menü 1:	Menü 2:	Menü 3:	Sonst.:
	Menü 1:	Menü 2:	Menü 3:	Sonst.:
	Menü 1:	Menü 2:	Menü 3:	Sonst.:
	Menü 1:	Menü 2:	Menü 3:	Sonst.:
	Menü 1:	Menü 2:	Menü 3:	Sonst.:

Beispiel für das Ausfüllen einer Trainingskontrolltabelle

Datum	Übung	Intensität	Wiederholungen/ Serien	Übungstyp	Belastungs- dauer	Pausen- dauer	Anmerkungen
05.03.98	Boulder grün	6c	56 Bew.	Wiederholung	5 Min.	5 Min.	Dehnen
	Boulder rot	7a	3 × 20 Bew.	Wiederholung	3 × 90 Sek.	2 × 1' + 10'	
	Bew. Hüfte	mittel	3 Wiederh.	Passiv	3 × 1'	0	Probleme
	Bew. Schulter	mittel	3 Wiederh.	Passiv	3 × 1'	0	
06.03.98	Dauerlauf Wald	Puls 130			40'		Motiviert
07.03.98	Route Satanás	6c	22 Meter	*On-sight*	8 Min.	15 Min.	
	Route El Dropo	7a	18 Meter	*On-sight*	8 Min.	12 Min.	
	Route El Carai	7a+	18 Meter	*On-sight*	9 Min.	15 Min.	Uff
	Route K7	7a+	15 Meter	*On-sight*	7 Min.	15 Min.	
	Route Tin-tan-ton	6c	12 m 2 × 5	Wiederholung	10 Min.	10 Min.	Im *Toprope*
08.03.98	Route Bricolaje L1	6a	40 Meter	*On-sight*	15 Min.	1 Std.	Vorstieg
	Route Bricolaje L2	6 b/A2	30 Meter	*On-sight*	35 Min.	5 Min.	Nachstieg
	Route Bricolaje L3	6b	43 Meter	*On-sight*	12 Min.	35 Min.	Vorstieg
	Route Bricolaje L4	6c	30 Meter	*On-sight*	15 Min.	5 Min.	Nachstieg
	Route Bricolaje L5	6c	40 Meter	Erarbeitet	30 Min.		Vorstieg
10.03.98	Boulder grün	6c	56 Bew.	Wiederholung	5 Min.	5 Min.	Dehnen
	Boulder rot	7a	3 × 20 Bew.	Wiederholung	3 × 90 Sek.	2 × 1' + 10'	Dehnen

Beispiel für das Ausfüllen der Tabelle zur Kontrolle der Lebensgewohnheiten

Datum	Wecken	Früh-stück	Trainings-zeit	Mittag-essen	Mittags-schlaf	Trainings-zeit	Abend-essen	Schlafens-zeit	Sonstiges	Dehnen	Auf-wärmen	Auswertung
05.03.98	07.30	07.45		13.45		17.30	21.00	23.00				
	Menü 1: Joghurt/Marmeladenbrot/Banane				Menü 2: Linseneintopf/Salat/Koteletts/Käse				Menü 3: Mangold/Seeteufel/Kekse			Sonst.:
06.03.98	07.30	07.45		14.00		18.00	21.00	01.30				
	Menü 1: Milch/Croissants				Menü 2: Makkaroni/gefülltes hartes Ei/Salat/Eis				Menü 3: Grießsuppe/Pastete/Brot/Obst			Sonst.:
07.03.98	08.30	08.45	12.00		15.00		19.00	23.00	Obst/Kekse			
	Menü 1: Milch/Brot/Wurst/ Kaffeestückchen				Menü 2:				Menü 3: Spaghetti/Avocado/ Schinken/Obst			Sonst.:
08.03.98	07.00	09.30	11.00				20.00	23.00	Obst/ Kekse			
	Menü 1: Brot mit Omelette/Erfrischungsgetränk				Menü 2:				Menü 3: Reis mit Tomatensauce u. Ei/Hähnchen-kroketten/Kuchen			Sonst.:
09.03.98	07.30	07.45		13.30			21.00	23.30				
	Menü 1: Milchshake/Brot/Kakao				Menü 2: Eintopf/Würstchen /Gemüse/Kuchen				Menü 3: Suppe/Tomate m. Thunfisch/Mandeln			Sonst.:
10.03.98	07.30	07.45		13.30		18.30	21.00	24.00				
	Menü 1: Milch/Madeleines				Menü 2: Salat/Hähnchen/Pommes frites/ Karamellpudding				Menü 3: Spinatpizza/Erdbeeren mit Sahne			Sonst.:
	Menü 1:				Menü 2:				Menü 3:			Sonst.:
	Menü 1:				Menü 2:				Menü 3:			Sonst.:
	Menü 1:				Menü 2:				Menü 3:			Sonst.:
	Menü 1:				Menü 2:				Menü 3:			Sonst.:
	Menü 1:				Menü 2:				Menü 3:			Sonst.:
	Menü 1:				Menü 2:				Menü 3:			Sonst.:
	Menü 1:				Menü 2:				Menü 3:			Sonst.:
	Menü 1:				Menü 2:				Menü 3:			Sonst.:

	Menü 1:	Menü 2:	Menü 3:	Sonst.:
	Menü 1:	Menü 2:	Menü 3:	Sonst.:
	Menü 1:	Menü 2:	Menü 3:	Sonst.:
	Menü 1:	Menü 2:	Menü 3:	Sonst.:
	Menü 1:	Menü 2:	Menü 3:	Sonst.:
	Menü 1:	Menü 2:	Menü 3:	Sonst.:
	Menü 1:	Menü 2:	Menü 3:	Sonst.:
	Menü 1:	Menü 2:	Menü 3:	Sonst.:
	Menü 1:	Menü 2:	Menü 3:	Sonst.:
	Menü 1:	Menü 2:	Menü 3:	Sonst.:
	Menü 1:	Menü 2:	Menü 3:	Sonst.:
	Menü 1:	Menü 2:	Menü 3:	Sonst.:
	Menü 1:	Menü 2:	Menü 3:	Sonst.:
	Menü 1:	Menü 2:	Menü 3:	Sonst.:
	Menü 1:	Menü 2:	Menü 3:	Sonst.:
	Menü 1:	Menü 2:	Menü 3:	Sonst.:

Tests

Der Prozess der Trainingskontrolle mittels der Erfassung punktueller Daten lässt sich in folgende Phasen aufteilen:
- Auswahl und Zusammenstellen der Tests
- Testdurchführung
- Analyse der erzielten Ergebnisse.

Damit die Qualität der Tests garantiert ist, müssen bei der Auswahl folgende methodologischen Prinzipien beachtet werden:

Gültigkeit

Ein Kontrollinstrument ist gültig, wenn es das bewertet, was es messen soll.

Zuverlässigkeit

Gibt den Genauigkeitsgrad der Quantifizierung an. Die Zuverlässigkeit eines Tests hängt also von der Genauigkeit ihrer Messungen ab.

Objektivität

Ein Test wird als objektiv angesehen, wenn die Ergebnisse vom persönlichen Eindruck des Auswertenden unabhängig sind.

Auch ist es empfehlenswert, einen Test so anzulegen, dass er in kurzer Zeit auszuführen ist, nur wenig Material dazu erfordert und dieses sich leicht handhaben lässt.
Bei der Ausführung von Tests müssen bestimmte Bedingungen beachtet werden:
- Der Kletterer muss genau wissen, was er tun soll. Hierfür kann ein Blatt mit Anleitungen verwendet werden.
- Die Testperson muss sich ausreichend aufwärmen, damit zum einen die maximale Leistungsfähigkeit erreicht wird und zum anderen Verletzungen vermieden werden.
- Wird ein Test im zeitlichen Abstand wiederholt, so sind die Testergebnisse nur vergleichbar, wenn nahezu gleiche Witterungs-, Gelände- und räumliche Bedingungen vorlagen.
- Die Testperson muss voll motiviert sein.
- So weit wie möglich müssen alle Störfaktoren (z. B. Lärm, ungünstige Tageszeit), die das Testergebnis beeinflussen, ausgeschaltet oder kontrolliert werden.
- Die Testergebnisse müssen sofort und genau festgehalten werden. Hierfür kann ein Kontrollformular verwendet werden.

Die Tests sind wesentliche Bestandteile des Trainingsprozesses und müssen im Voraus eingeplant werden (wie bereits im Kapitel Planung gesagt). Außerdem verlieren sie an Aussagekraft, wenn keine Kontrollwerte, z. B. aus dem Eingangstest, vorliegen, mit denen die Messdaten verglichen werden können.
Die Testergebnisse dienen nicht nur zum intraindividuellen, sondern auch dem interindividuellen Vergleich. Durch Vergleich der Testergebnisse z. B. innerhalb einer Trainingsgruppe können noch gezielter persönliche Schwächen bzw. Stärken he-

rausgefiltert werden. Der intra- und interindividuelle Vergleich der Testwerte ist bestens geeignet, den momentanen Leistungs- und Entwicklungsstand eines Kletterers festzustellen und abzuklären, ob die gesteckten Trainingsziele in etwa realisierbar sind.

Beispiele für Tests

Maximalkraft der Fingerbeuger

Ziel: Anaerobe alaktazide Kapazität der Fingerbeugemuskeln.

Material: Zwei flache Leisten von 2 cm Tiefe zum Hängen, Stoppuhr, Klettergurt, Karabiner, Reepschnur, Gewichte.

Durchführung: Hängen an den Leisten (auf Schulterhöhe), frontal bei ausgestreckten Armen und ohne weitere Abstützpunkte. Gewichte sind als Zusatzlast am Klettergurt befestigt.

Auswertung: Höchstgewicht in kg, das 6 Sekunden lang gehalten werden kann.

Anmerkung: Die Griffe sollten so montiert sein, dass sie am Boden stehend erreichbar sich.
Es können mehrere Versuche notwendig sein, um das Höchstgewicht festzustellen. Mindestens 5 Minuten zwischen den einzelnen Versuchen warten.

Klimmzug-Blockieren

Ziel: Anaerobe laktazide Kapazität der Arme.

Material: Klimmzugbalken, Stoppuhr.

Durchführung: Sich frontal an den Balken hängen, die Hände greifen schulterbreit, und folgenden Klimmzugzyklus durchführen:
A1: drei aufeinander folgende Klimmzüge + 7 Sek. Blockieren bei ganz angewinkelten Armen.
A2: drei aufeinander folgende Klimmzüge + 7 Sek. Blockieren bei 90°.
A3: drei aufeinander folgende Klimmzüge + 7 Sek. Blockieren bei 120°.
Darauf weitere Zyklen anschließen, die als B1, B2, B3, C1 usw. bezeichnet werden.

Auswertung: Erreichter Buchstabe und die Zykluszahl werden notiert.

Bewertungstabelle

Niveau	Schwach	Mittel	Gut	Hoch	Maximal
Mann	A3	B2	C1	C3	D3
Frau	0	A1	A3	B2	C1

Anmerkung: Es sollte ein Helfer dabei sein, der die Sekunden zählt und die Winkelgrade nachprüft.

Cooper-Test

Ziel: Aerobe Ausdauer (Grundlagenausdauer).

Material: Flaches, gleichförmiges Gelände mit abgemessener Entfernung (am besten 400-Meter-Rundbahn), Stoppuhr.

Durchführung: 12 Minuten langer Dauerlauf, bei dem versucht wird, eine größtmögliche Distanz ohne anzuhalten zurückzulegen.

Auswertung: Die zurückgelegte Entfernung wird in Metern gemessen.

Bewertungstabelle

Niveau	Schwach	Mittel	Gut	Hoch	Maximal
Strecke	bis 1600	1600–2000	2000–2400	2400–2800	über 2800

Anmerkung: Vor dem Test sollte der Puls gemessen werden, ebenso unmittelbar danach und dann nach fünf Minuten (über eine Minute). So kann aus dem Nachbelastungspuls auf die Erholungsfähigkeit geschlossen werden.

Der Frosch

Ziel: Gelenkbeweglichkeit Hüfte.

Material: Maßband, Kreide, eine Wand.

Durchführung: Sich mit dem Gesicht gegen die Wand stellen und die Füße zwischen die Wand und eine 20 cm davon entfernten Linie stellen. Der Abstand zwischen den Füßen wird frei gewählt. Die Beine beugen und das Gesäß so weit absenken, bis man das Gleichgewicht verliert.

Auswertung: Die zurückgelegte Entfernung beim Absenken und der Abstand zwischen den Füßen werden gemessen.

Anmerkung: Das Herunterbewegen muss kontinuierlich und langsam vor sich gehen, nie ruckartig.

Ausschultern

Ziel: Gelenkbeweglichkeit Schulter.

Material: In Zentimeter unterteilter Stock, Maßband.

Durchführung: Der Stock wird im Stehen mit beiden Händen umfasst. In immer durchgedrückter Haltung werden die Arme über dem Kopf nach hinten und anschließend wieder nach vorn bewegt.

Auswertung: Der Innenabstand zwischen den Händen wird in cm gemessen, ebenso die Spannweite der Arme der Testperson. Die Auswertung wird mit folgender Formel berechnet:

$$\text{Index} = \frac{\text{Abstand zwischen den Händen}}{\text{Spannweite der Arme}}$$

Niveau	Schwach	Mittel	Gut	Hoch	Maximal
Index	über 1,6	1,1–1,6	0,7–1,1	0,2–0,7	0,0–0,2

Bewertungstabelle

Anmerkung: Da es sich um einen Beweglichkeitstest handelt, ist das Aufwärmen besonders wichtig. Die Ellbogen dürfen nicht angewinkelt werden.

Seilklettern

Ziel: Anaerobe alaktazide Kapazität der oberen Körperhälfte; Schnellkraft der Oberarmbeugemuskulatur.

Material: Kletterseil im Gymnastikraum, Stoppuhr.

Durchführung: Das Seil wird mit beiden Händen umfasst, und ohne Impuls durch die Beine oder Einsatz der Füße wird bis zu 4 m über dem Ausgangspunkt geklettert.

Auswertung: Die Zeit zum Zurücklegen der 4 m wird in Sekunden gemessen.

Bewertungstabelle

Niveau	Schwach	Mittel	Gut	Hoch	Maximal
Alter 11	6,7 Sek.	8,0 Sek.	12,0 Sek.	16,0 Sek.	20,0 Sek.
12	6,2 Sek.	7,6 Sek.	10,7 Sek.	14,3 Sek.	17,9 Sek.
13	5,8 Sek.	6,7 Sek.	9,3 Sek.	12,4 Sek.	15,5 Sek.
14	5,3 Sek.	6,2 Sek.	8,1 Sek.	10,8 Sek.	13,5 Sek.
15	5,1 Sek.	5,9 Sek.	7,1 Sek.	9,7 Sek.	12,1 Sek.
16	4,8 Sek.	5,7 Sek.	6,6 Sek.	8,8 Sek.	11,0 Sek.
17	4,5 Sek.	5,4 Sek.	6,1 Sek.	8,1 Sek.	10,1 Sek.
18 o. mehr	4,3 Sek.	5,2 Sek.	5,8 Sek.	7,7 Sek.	9,6 Sek.

Anmerkung: Falls das Ende nicht erreicht wird, werden die zurückgelegte Distanz und die dafür benötigte Zeit notiert.

Durchhaltevermögen beim Bouldern

Ziel: Kraftausdauer der Muskeln, die beim Klettern zum Einsatz kommen.

Material: Kletterschuhe und Magnesia. Technische oder natürliche Wand am Felsblock; Testroute etwa 60 Kletterzüge lang (die Kletterstrecke kann z. B. auch nur 10 Züge haben und wird ohne Unterbrechung 6-mal geklettert).

Durchführung: Die Testroute einmal durchklettern und anschließend bis zur maximalen Erschöpfung klettern; Ausruhen an Rastpositionen ist nicht erlaubt; der Test ist beendet, wenn der Kletterer abfällt.

Auswertung: Die Anzahl der Kletterzüge, die zusätzlich zu den 60 ausgeführt werden, wird festgehalten. Der Vergleich mit einem früheren Testergebnis an dieser Testroute gibt Auskunft über die Entwicklung der Kraftausdauer.

Anmerkung: Die 60 Bewegungen insgesamt müssen den höchsten Schwierigkeitsgrad für den Kletterer darstellen, wenn er die Strecke zum ersten Mal klettert (so dass er nicht mehr zum Weiterklettern im Stande ist).

Die Schwierigkeit der einzelnen Züge muss zwischen einem und zwei Schwierigkeitsgraden unter der individuellen Leistungsgrenze liegen.
Die Schwierigkeit der Kletterzüge sollte möglichst konstant sein.
In der Route dürfen keine technisch anspruchsvollen Bewegungen enthalten sein.
Verletzungen beim Abspringen müssen ausgeschlossen werden (geringe Absprunghöhe, Matte).
Der Kletterer muss die Testroute kennen.

Maximale Sprungreichweite

Ziel: Anaerobe alaktazide Ausdauer und Schnellkraft der Muskeln in der oberen Körperhälfte, die beim Klettern zum Einsatz kommen.

Material: Magnesia, sehr gute Griffe oder eine Griffleiste, an denen sich beide Hände auf gleicher Höhe festhalten können.

Durchführung: Sich mit gestreckten Armen an die Griffe hängen. Extrem schneller Klimmzug, wobei eine in Magnesia getauchte Hand so weit wie möglich nach oben schnappt, um am höchstmöglichen Punkt die Wand zu berühren.
Der Versuch wird mit der anderen Hand wiederholt.

Auswertung: Die erreichte Entfernung vom Ausgangsgriff wird in Zentimetern gemessen. Es werden beide Versuche zusammengezählt und durch zwei geteilt. Dabei ist ein Leistungsvergleich an verschiedenen Tagen nützlich.

Anmerkungen: Die Füße dürfen keinerlei Unterstützung leisten.
Es sollten Wände mit Überhang oder Griffe an Dächern verwendet werden, um ein Aufschürfen der Beine zu vermeiden.
Es kann auch eine Leiter aus der Turnhalle verwendet werden.
Ein gutes Aufwärmen ist unbedingt notwendig. Vor der Testdurchführung vollständig erholen.

Gleichgewicht mit den Fußspitzen halten

Ziel: Statisches Gleichgewicht bei teilweisem Aufstützen auf die Füße.

Material: 8 cm breites Brett oder Vorsprung, Stoppuhr.

Durchführung: Nur die Fußspitzen aufsetzen und auf dem Brett so lange wie möglich das Gleichgewicht halten.

Auswertung: Zeitmessung in Sekunden.

Bewertungstabelle

Niveau	Schwach	Mittel	Gut
Zeit	0 bis 10 Sek.	10 bis 30 Sek.	mehr als 30 Sek.

Anmerkung: Das verwendete Schuhwerk kann entscheidend sein; Kletterschuhe werden empfohlen.

Die Gleichgewichtsbedingungen verschlechtern sich, wenn die Testperson auf sich bewegende Elemente schaut.

Präzise Fußarbeit

Ziel: Dynamische und spezifische Koordination der Füße.

Material: Sehr gute Griffe für die Hände, vier Tritte für die Füße und eine Wand ohne Überhang.

Zwei zentrale Tritte für die Füße werden auf gleicher Höhe und höchstens hüftweit auseinander angeordnet. Zwei weitere Tritte werden in ca. 30 cm Abstand von den vorigen angebracht, wobei sie nie tiefer oder vertikal dazu liegen dürfen. Die Handgriffe müssen eine bequeme Stellung ermöglichen.

Beschreibung: Der Kletterer hält sich an der Wand an den entsprechenden Griffen und stellt die Füße auf die mittleren Tritte. 15 Sekunden versucht er möglichst oft den äußeren Tritt zu berühren und den Fuß anschließend auf den inneren Tritt zurück zu setzen. Diese Übung wird abwechselnd mit beiden Füßen wiederholt.

Auswertung: Die Anzahl der Berührungen der äußeren Tritte wird gezählt.

Bewertungstabelle

Niveau	Schwach	Mittel	Gut
Anzahl der Berührungen	weniger als 25	25--30	mehr als 30

Anmerkung: Ein Fuß muss immer auf den mittleren Tritten stehen bleiben. Verfehlte Bewegungen zählen nicht.
Ein Tonsignal, das bei Trittberührung ausgelöst wird, erleichtert das Feststellen der erfolgreichen Berührung.

SALEWA

Literatur

Klettern und Training

KÖSTERMEYER, G./TUSKER, F.: Sportklettern. München 1997

KÖSTERMEYER, G.: Peak Performance – Klettertraining von A–Z. Hersbruck 1999

NEUMANN, U./GODDARD, D.: Lizenz zum Klettern. Köln 1995

NEUMANN, U./GODDARD, D.: Performance Rock Climbing. Köln 1996 (Videokassette)

RADLINGER, L./ISER, W./ZITTERMANN, H.: Bergsporttraining. München 1986

SCHÄDLE-SCHARDT, W.: Adventure Sports – Klettern – Verhalten und Erleben. München 1993

Training im Allgemeinen

ANDERSON, B.: Stretching. Zürich 1996

EHLENZ, H./GROSSER, M./ZIMMERMANN, E.: Krafttraining. München 1998

GROSSER, M./NEUMAIER, A.: Techniktraining. München 1982

GROSSER, M./STARISCHKA, S.: Konditionstests. München 1986

SÖLVEBORN, S. A.: Das Buch vom Stretching. München 1983

ZINTL, F./EISENHUT, A.: Ausdauertraining. München 2001

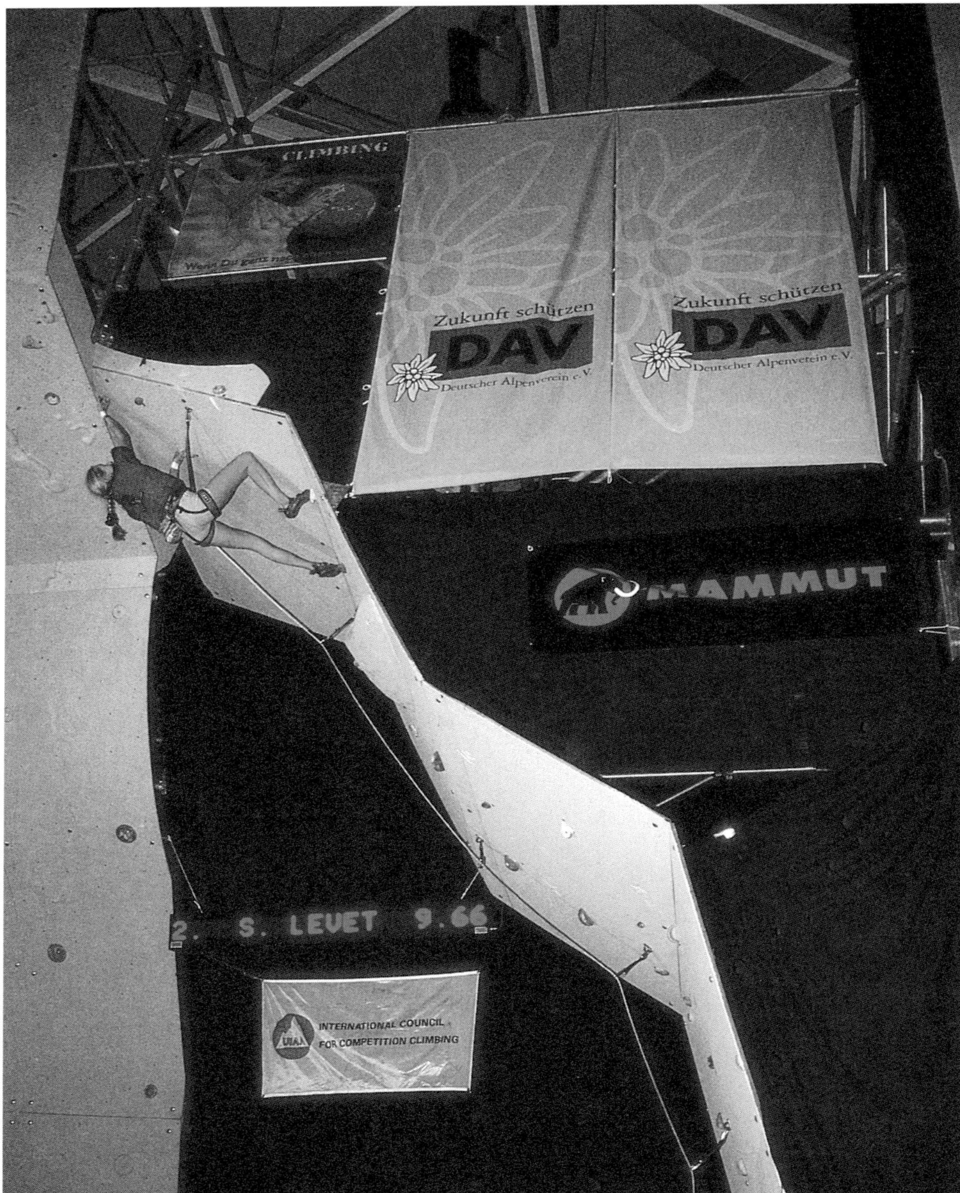
CLIMBING
Zukunft schützen
DAV
Deutscher Alpenverein e.V.
Zukunft schützen
DAV
Deutscher Alpenverein e.V.
MAMMUT
2. S. LEVET 9.66
UIAA
INTERNATIONAL COUNCIL
FOR COMPETITION CLIMBING

Register

Über die Autoren

Carles Albesa ist Diplomsportlehrer, Mitglied der Escuela Española de Alta Montaña (EEAM, Spanische Schule für Bergsportarten) und Lehrer an der katalanischen Schule für Bergsport. Er unterrichtet regelmäßig an der EEAM und war verantwortlich für die Ausbildung von Berufssportlern in der ECAM-Direcció General de l'Esport de la Generalitat de Catalunya (Generaldirektion für Sport der Generalität von Katalonien).

Pere Lloveras ist Diplomsportwissenschaftler und Mitarbeiter der EEAM. Er war für die Nominierung des spanischen Kletterteams zuständig und als Leiter des Wettkampfbereichs der FEDME tätig. Als Trainer hat er zum Gewinn von Weltmeisterschaftstiteln und olympischen Medaillen beigetragen.

Know-how aus erster Hand

Michael Hoffmann / Wolfgang Pohl
Alpin-Lehrplan Band 2: Felsklettern – Sportklettern
Klettertechniken, Taktik beim klassischen Felsklettern, Stürzen und Taktik beim Sportklettern, Sicherungsmethoden, Ausrüstung, Orientierung.

Peter Geyer / Andreas Dick
Alpin-Lehrplan Band 3: Hochtouren – Eisklettern
Gletscherwanderungen, Hochtouren, kombinierte Touren in Eis und Fels, Eisklettern in Eiswänden oder gefrorenen Wasserfällen, Expeditionen: Bewegungstechnik und Taktik, Sicherungstechnik, Theorie.

Außerdem erschienen:

Alpin-Lehrplan 1:
Bergwandern – Trekking
Alpin-Lehrplan 4:
Skibergsteigen – Variantenfahren

Stefan Winter
Sportklettern mit Kindern und Jugendlichen
Kletter- und Sicherungsformen, didaktisch aufgebaute Übungsvorschläge, spezielle Tipps für verschiedene Altersstufen usw.

Pit Schubert / Pepi Stückl
Alpin-Lehrplan Band 5: Sicherheit am Berg
Die Ausrüstung und ihre Anwendung mit allen technischen Neuerungen und Verbesserungen, Sicherung und Sicherheit – Theorie und Praxis.

Alexander und Thomas Huber
The Wall
Die erste Dokumentation über Alexander und Thomas Huber: Entwicklungsstationen, spektakuläre Erstbegehungen und Expeditionen.

Pascal Sombardier
Die Klettersteige der Dolomiten
Die 50 schönsten Klettersteige in den Dolomiten und rund um den Gardasee; Beschreibung jeder Tour: An- und Abstieg mit großformatigen Fotos und Routenskizze.